Ekkehard Wiederholz

Angelerfolg an unbekannten Gewässern

Ekkehard Wiederholz

Angelerfolg an unbekannten Gewässern

Tageskarten-, Urlaubs- und Neugewässer

CIP-Titelaufnahme der Deutschen Bibliothek:
Wiederholz, Ekkehard:
Angelerfolg an unbekannten Gewässern:
Tageskarten-, Urlaubs- und Neugewässer/
Ekkehard Wiederholz. –
München; Wien; Zürich: BLV, 1991
ISBN 3-405-14238-5
NE : HST

Bildnachweis:
alle Fotos einschließlich des Umschlagfotos stammen vom Verfasser.

Grafiken: Günter Wiesler, Riding

Umschlaggestaltung:
F & H, Werbeagentur GmbH,
München

BLV Verlagsgesellschaft mbH
München Wien Zürich
8000 München 40

Das Werk einschließlich aller seiner Teile ist urheberrechtlich geschützt. Jede Verwertung außerhalb der engen Grenzen des Urheberrechtsgesetzes ist ohne Zustimmung des Verlags unzulässig und strafbar. Das gilt insbesondere für Vervielfältigungen, Übersetzungen, Mikroverfilmungen und die Einspeicherung und Verarbeitung in elektronischen Systemen.

© 1991 BLV Verlagsgesellschaft mbH, München

Lektorat: Gerhard Seilmeier
Herstellung: Friderun Thiel, München
Satz: Satz-Zentrum, München

Druck und Bindung: Pustet, Regensburg

Printed in Germany · ISBN 3-405-14238-5

Inhalt

Einführung 9

Wo Angeln

Allgemeine Erfolgsregeln 11

Nicht gleich blindlings losrennen 11
Nicht gleich am Parkplatz mit dem Angeln beginnen 12
Vorsicht am Angelplatz 13

Bodenerschütterungen vermeiden 13 – Auf die eigene Sicherheit achten 13 – Deckung suchen und nutzen 13 – Standort des Anglers 14 – Verhalten am Angelplatz 15

Schnelles Kennenlernen unbekannter Gewässer 15

Bei Zeitmangel stets nur die markantesten Angelplätze aufsuchen 15

Leicht erkennbare »Angelplätze an Fließgewässern« 16

Angelplätze am eigenen Ufer 16

Unterspülte Ufer 16 – Überhängende Zweige bzw. Grashalme 18 – Versunkene Äste und Bäume 18

Angelplätze zwischen den Ufern 19

Gumpe, Kolk, Tumpf, Kessel 19 – Einmündungsgebiet kleinerer Nebengewässer 21 – Zusammenfluß 21 – Tiefe Rinne 21 – Außen- bzw. Innenseite der Gewässerkurve 22 – Buhnenfeld, Buhnendamm und Buhnenkopf 22 – Außenrand von Kies- und Schotterbänken 22 – Kraut-, Schilf- und Binsenbänke 22 – Spiegel 23 – Geradstrecke 23 – Unter der Brücke 24 – Vorstau 24

Rauschende Wasser 24

Mühlschuß 24 – Schwelle 24 – Wasserfall- oder Wehrkessel 25

Meist übersehene Angelplätze 25

Verrohrungen und Abdeckungen 25

Leicht erkennbare »Angelplätze an stehenden Gewässern« 27

Angelplätze in Ufernähe 27

Landzunge 27 – Steil abfallende Uferregion 27 – Schilf- und Binsengürtel 28 – Kraut- und Seerosenbeet 30 – Bade-, Boots- und Dampferstege 30 – Hafen- und Werftanlagen 30

Angelplätze weiter draußen 30

Erste »Schar« 30 – Buchtdiagonale 31 – Gebiet um Inseln 31

Angelplätze mit Strömungseinfluß 32

Einmündung von Fließgewässern 32 – Abflußgebiet von Fließgewässern 33

Augen offenhalten 33

Spurenlesen 33

Ausgetretener Pfad 33 – Ausgetretene Uferplätze 33 – versteckte Zugänge 33 – Abgebrochene Zweige 34 – Im überhängenden Astwerk hängengebliebene Angelgerätschaften 34 – Abgerissene und seitlich einer Angelstelle versteckte Schnurreste 34 – Entkrautete Angelstellen im dichten Pflanzengewirr 34 – Anfütterungsplatz 34 – Abgesägte dickere Äste im dichten Ufergebüsch 34 – Im Ufergebüsch versteckte Hilfsgeräte zum Hängerlösen 36 – Vom Schlick freigeriebener Kies- oder Gerölluntergrund im Flachwasser 36 – Schuppen auf wassernahen Steinen 36 – Je weiter weg wir all diese Zeichen finden... 36

Was tun die Nachbarn 36

Das »Universalgerät« bringt den größten Erfolg

Nur keine unnötigen Belastungen 38

Allgemein betrachtet 38

Das Einzelgerät dominiert 38

Welche Angelarten lassen sich mit dem »Universalgerät« ausüben 38

Allgemeine Voraussetzungen 38

Mit dem Universalgerät ausübbare Angelarten 39

Posenfischen 39

Grundangeln 40

Treibangeln 41

Spinnangeln 41

Behelfs-Schleppangeln 42

Behelfs-Fliegenfischen mit der Wasserkugel 42

Zusammenstellung des »Universalgeräts« 44

Das Hauptgerät bleibt für alle Angelarten gleich 44

Rute 44

Aufgaben der Universalrute 44 – Ansprüche an die Rutenaktion 45 – Material, Länge, Beringung, Griff und Kopflastigkeit 46 – Steck- oder Teleskop-Rucksackrute 46 – Zusammenfassend sollte unsere »Universalrute« nun so gebaut sein 47

Rolle 47

Rollenarten – allgemein 47 – »Offene« Stationärrolle 49 – »Eingekapselte« Stationärrolle des Rundschlitz-Typs 49 – Welchen Rollentyp sollte der Urlaubsangler wählen? 50

Schnur 50

Monofilschnüre – allgemein 50 – Schnurverwendungsempfehlung für die mit dem »Universalgerät« ausübbaren unterschiedlichen Angelmethoden 51 – Was noch zu beachten ist 51

Nur das jeweilige Zusatzgerät ändert sich 53

Posenfischen 53

Posen und Gleitposen bzw. Gleitschwimmer 53 – Stopper 54 – Vorfächer 54 – Haken 54 – Bleischrot 55 – Einhängewirbel 56

Grundangeln 56

Grundbleie 56 – Einhängewirbel 57 – Vorfächer 57 – Haken 57

Treibangeln 58

Einhängewirbel oder nicht 58 – Vorfächer 58 – Haken 58

Spinnangeln 59

Einhängewirbel 59 – Vorfächer 59 – Bebleiung 59

Behelfs-Schleppangeln 60

Einhängewirbel und Stahlvorfächer 60 – Schnurarm und Bebleiung 60

Behelfs-Fliegenfischen mit der Wasserkugel 63

Wasserkugel 63 – Vorfächer 64 – Haken 64

Köder mit Bedacht wählen

Was man vorher beachten sollte – allgemein 65

Alles, was hindert, daheim lassen 65
Der richtige Köder zur richtigen Zeit und am richtigen Ort 65

Spezielle Köderauswahl 66

Köder zum Posenfischen, Grundangeln und bodennahen Treibangeln 66

Würmer aller Arten 66 – Fleischmaden 67 – Larven und Nymphen 68 – Tote Köderfische 68 – Fischfleisch 70 – Käsebrocken 71 – Kartoffelstücke 71 – Spezial- und Brotteig 71 – Pain Chaillou 72 – Leberkäse und weichere Wurstbrocken 73 – Algenfetzen 73 – Mais- und Getreidekörner 75

Köder zum Oberflächen-Treibangeln, evtl. auch Posenfischen 75

Stubenfliegen und »Brummer« 75 – Köcherfliegen 76 – Heuschrecken (Heupferdchen) 77 – Brotrinde (Brotkruste) 77

Köder zum Spinnfischen und Behelfs-Schleppangeln 78

Köderwahl – allgemein 78 – Tote Köderfische am Spinnsystem 81 – Wobbler 84 – Blinker und Langlöffel 89 – Spinner 92 – Weichplastikköder 95

Köder zum Behelfs-Fliegenfischen mit der Wasserkugel 98

Trockenfliegen 98 – Naßfliegen und Nymphen 100

Notwendiges und ungewöhnliches Hilfs- und Landungsgerät

Wichtige Überlegungen – allgemein 102

Notwendiges Kleingerät 102

Was stets dabei sein muß 102

Etwas größeres »Kleingerät« 103

Transportbehälter 104

Landungsgerät 104

Ungewöhnliches Hilfsgerät 105

Kunststoffüberzogene Wäscheleine 105

Übliche Tageszeitung 106

Sachregister 108

Einführung

Mit diesem Buch bemüht sich der Autor, in übersichtlicher und leicht verständlicher Form dem Leser rasch und sicher zu bemerkenswerten Fangerfolgen an ihm bisher unbekannten Gewässern zu verhelfen. Der Angler erfährt, was ihn an seinem Urlaubsziel fischereilich erwartet und worauf er dort achten sollte, um möglichst erfolgreich zu sein.

Unter »unbekannte« Gewässer fallen erstens einmal alle *Tageskarten-Gewässer,* soweit sie der Leser nicht schon häufiger beangelt hat, sie ihm also noch nicht bzw. kaum vertraut sind. Des weiteren zählen zu den »unbekannten« Gewässern auch alle *Urlaubs-Gewässer.* Soweit sie der Angler nicht schon von früher her genauer kennt, sind sie für ihn also noch Fremdgewässer, an denen er sich erst zurechtfinden muß, um beim Angeln auch erfolgreich zu sein.

Und schließlich gibt es noch die *unbekannten Gewässer am neuen Wohnort.* So wird der Angler z.B. nach einem Wohnsitzwechsel von Hamburg nach München dort ganz andere Gewässer vorfinden, an denen er sich ebenfalls möglichst schnell zurechtfinden möchte.

Weiterhin gehören zu dieser Gewässergruppe aber auch noch die *neuerworbenen Gewässer,* d.h. solche, die entweder vom Angler selbst oder von seinem Fischereiverein erst kürzlich neu erworben oder gepachtet wurden. Auch sie sind meist erst zu erforschen, um dort von nun ab mit beachtenswerten Angelerfolgen rechnen zu können.

Das »übliche«, also von anderen Anglern unbeeinflußte Kennenlernen eines dem Leser völlig neuen und unbekannten Gewässers kann unter Umständen Jahre dauern. Daß dies aber nun nicht eintritt, dafür möchte dieses Buch sorgen. Es zeigt einprägsam, was zu tun ist, um möglichst schnell zu durchschlagenden Anglerfolgen zu kommen.

Zum Befischen eines *Tageskarten-Gewässers* hat man ohnehin oft nur einen einzigen Tag zur Verfügung. Und das ist für das Kennenlernen selbst eines nur kleinen Gewässerteils und dazu noch sein erfolgreiches Befischen ohne vorhergehende Beratung einfach zu wenig. Anders ist es beim Erforschen von *Urlaubs-* oder *Neu-Gewässern.* Hier verhindert ein anfangs zur Erkundung geopferter Angeltag spätere Enttäuschungen.

Aus all diesen Gründen ist dieses Buch auch darauf ausgelegt, dem Leser möglichst schnell Erfahrungen zum Aufspüren markanter Angelstellen zu vermitteln. Fischarten, Angeltaktik und Gerät weichen an diesen Angelplätzen oftmals vom zu Hause Gewohnten weit ab. Dieses Buch gibt daher auch Geräteempfehlungen, wie alles möglichst klein, leicht und doch hochwirksam kombiniert und verwendet werden kann. Dies beginnt z.B. mit der »Universalrute«. Doch auch erst der richtig gewählte Köder bringt andauernden Erfolg.

Möge dieses Buch den zahlreichen Tageskarten-, Urlaubs- und Neu-Gewässer-Anglern, aber auch den absoluten Angler-Neulingen helfen, viel wertvolle Angelzeit, die nur allzu häufig bei vermeidbaren Vorbereitungen verlorengeht, zusätzlich für den reinen Fischfang zu nutzen.

Ekkehard Wiederholz

Wo angeln

Allgemeine Erfolgsregeln

Nicht gleich blindlings losrennen

Leider ist diese Untugend ziemlich weit verbreitet. Kaum ist der Angler am Gewässer angekommen, da wird auch schon in aller Hast das Gerät montiert, das Auto verschlossen und schon geht's los. Man schaut sich gar nicht erst weiter um, sondern hastet einfach in irgendeiner Richtung das Gewässer entlang. Schon nach wenigen Minuten ist der Angler nicht mehr zu sehen. Erst nach einigen Stunden kommt er wieder, vollkommen erschöpft, berichtet darüber, daß er bis zur weit entlegenen Fischwassergrenze gekommen sei, aber nichts gefangen habe. Das Gewässer sei ja ganz schön, doch vollkommen ausgefischt und leer.

Bei aller Anerkennung seiner Fangpassion hat dieser Angler noch nicht die richtige Einstellung zu Natur und Fischfang. Wenn er einfach nur blindlings das Wasser entlanghastet, und meist auch -trampelt, übersieht er viele gute Angelstellen und vertreibt mit seinen hastig-gewaltvollen Schritten zahllose Fische. Beginnen gar mehrere Angler gleichzeitig am unbekannten Gewässer zu fischen, treibt viele auch noch das Verlangen an, einen guten Fangplatz als erster, also noch vor den anderen zu befischen.

Das Fangergebnis ist dann gleich Null. Nicht so dagegen bei dem Angler, der sich immer vorsichtig und jede Deckung ausnutzend am Ufer entlangpirscht und fast nach jedem Schritt nach neuen verlockenden Angelplätzen oder gar im Wasser zu beobachtenden Fischen Ausschau hält. Nur so sind bemerkenswerte Erfolge möglich. Lieber an einem Tag nur 500 m eines Gewässers erforschen und gute Beute machen, als etliche Kilometer des Gewässers in Hast entlanggestürmt zu sein und mit leerem Beutel heimkommen!

An einem fremden Gewässer müssen die markanten Angelstellen ja schließlich erst gefunden werden. Befischt man dabei Gewässerstellen, die nicht gleich als markante Aufenthaltsplätze von Fischen zu identifizieren sind, also z. B. unergründliche Tiefen und Weiten, dann »kämmt« man sie eben, Stelle für Stelle, ganz bedacht und systematisch durch.

Man macht sich dabei Gedanken darüber, welche Fischarten könnten sich dort überhaupt aufhalten. Denn schließlich muß man ja erst wissen, mit welcher Angelmethode man sie dort am erfolgversprechendsten befischen kann.

In unergründlichen Tiefen sollte der Köder, zeigen sich keine Fische an der Wasseroberfläche, möglichst tief, bis knapp in Bodennähe angeboten werden. Hier kommt also die Grundangel, die mit der Gleitpose tief eingestellte Posenangel oder die tief geführte Spinnangel in Frage.

Größere Entfernungen müssen systematisch »durchkämmt« werden. Mit gelegentlichen Würfen, mal hierhin, mal dorthin, kommt der Angler hier zu keinem Erfolg. Die Gewässerstelle muß in diesem Fall »abgefächert« werden. Hierbei wird die Angelstelle bis auf den letzten schmalen Gewässerstreifen ganz systematisch abgefischt. Die Wurfmanöver beginnen dabei mit einem ufernahen Wurf auf der einen Kör-

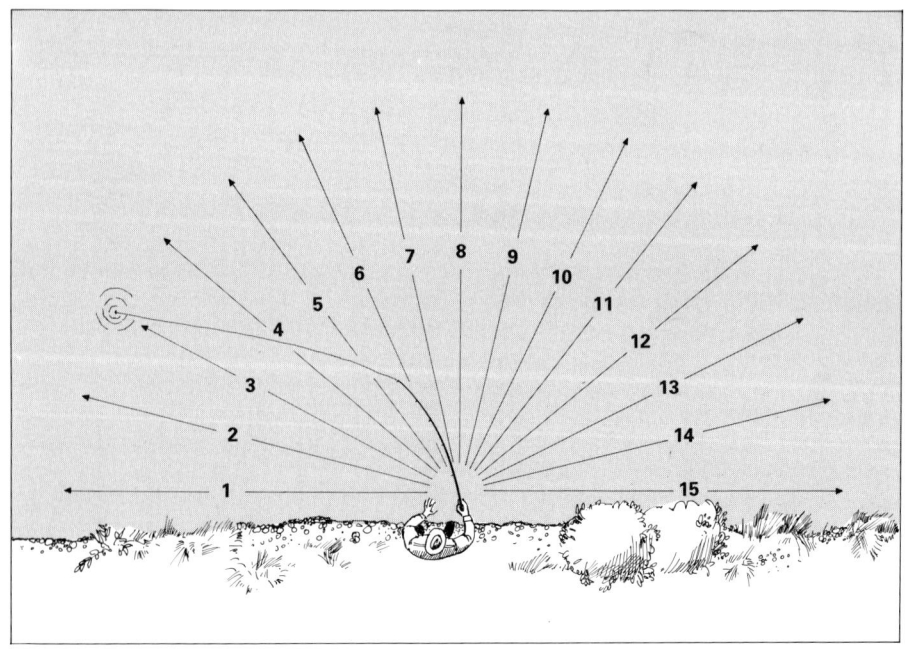

»Fächerartiges« Absuchen einer Angelstelle mit dem Spinnköder.

perseite des Anglers. Die nächsten Würfe folgen dann sternförmig mit jeweils 2 bis 3 m Abstand. Den Abschluß bildet schließlich ein ufernaher Wurf auf der anderen Körperseite des Anglers. Hierbei werden alle Gewässerstreifen gründlichst abgefischt, und es entstehen keinerlei Leerstreifen.

Wenn möglich, sollte der Angler an jedem Fremdgewässer erst einmal, zumindest an den *Urlaubs-* und *Neu-Gewässern,* einen ganzen Tag damit verbringen, das betreffende Gewässer eingehendst auf mögliche Angelstellen und den Fischbestand hin zu inspizieren. Das *Tageskarten-Gewässer* muß allerdings schon beim vorsichtigen Entlangpirschen erste Erkenntnisse bringen.

Nicht gleich am Parkplatz mit dem Angeln beginnen

Aus reiner Bequemlichkeit wirft so mancher Angler gleich am Parkplatz seine Angel aus. Er braucht dann Gerät und Trinkbares nicht so weit zu tragen, kann jederzeit »Nachschub« holen und, sollte es wirklich einmal regnen, gleich im nahen Auto verschwinden.

Kommt der Angler also an ein unbekanntes Gewässer, an dem er sich markante und fischreiche Angelstellen erst einmal zu suchen hat, dann muß er dazu erst vorher mit leichtem Gepäck vorsichtig das Ufer entlangwandern. In unmittelbarer Nähe des Parkplatzes wird er kaum ergiebige Angelplätze finden, meist erst in Entfernungen von 300 m und mehr. Soweit reicht nämlich etwa die Erschöpfungsgrenze der Wanderlustigen! Und dahinter beginnt dann das oft nur selten begangene Niemandsland für Normalverbraucher oder wilde »Dahinstürmer«.

Vorsicht am Angelplatz

Bodenerschütterungen vermeiden

Das Ausfindigmachen der besten Angelplätze, passendes Angelgerät und verführerischste Köder nutzen dem Angler nur wenig, wenn er sich dem Angelplatz nicht von den Fischen unbemerkt zu nähern weiß! Dabei brauchen die Fische den Angler noch nicht einmal gesehen zu haben. Schon das feste Auftreten am Ufer genügt, sie erschreckt davonstieben zu lassen. Die beim Auftreten entstehenden Bodenerschütterungen teilen sich nämlich dem Wasser in Form von Druckwellen mit, die der Fisch dann mit seinem »Ferntastsinn« ortet und registriert. Und durch ihn wird der Fisch dann auch vor drohendem Unheil gewarnt.
Allerdings ist nicht jede Bodenart gleichermaßen für Erschütterungen anfällig. Fester Lehmboden, betonierte Ufereinfassungen oder reines Felsufer reagieren auf den festen Schritt des Anglers nicht so stark wie etwa schwabbeliger Moorboden, unterspülte Ufer, Geröll, lockerer Schotter oder Felsplatten, noch dazu wenn letztere nicht fest aufliegen.
Wenn sich der Angler den Fischen also möglichst unbemerkt nähern will, darf er seinen Fuß nur vorsichtig und behutsam auf den Ufer- bzw. Gewässerboden aufsetzen. Und er muß umso vorsichtiger auftreten, je mehr er sich dem möglichen Standort eines Fisches nähert. Die gleiche Vorsicht ist übrigens auch beim Angeln vom Boot aus erforderlich. Es genügt schon, die Ruder laut ins Wasser zu platschen, harte Gegenstände auf den Boden des Kahnes fallen oder den Ankerstein gewaltvoll auf den Gewässerboden aufschlagen zu lassen und dergleichen mehr, um die Fische restlos zu vergrämen.
Wie oft wird doch gegen diese Grundregeln, die eigentlich jeder Angler kennen sollte, verstoßen! Der Erfolg anderer Angler beruht also durchaus nicht immer auf besserem Gerät oder einem »Geheimköder«. Meist haben sie nichts weiter getan, als sich ihrem Angelplatz nur sehr behutsam genähert.

Auf die eigene Sicherheit achten

Beim Anpirschen einer Angelstelle sollte der Angler stets auf die eigene Sicherheit achten. Tollkühnes Herumklettern an Steilufern, auf alten, teilweise zerbrochenen Stegen oder auf Balkenwerk, wackelnden Felsplatten sowie Mauerresten, mit Schnee oder feuchtem Blattwerk bedecktem Schräggestein, vereisten Gesteinspartien, rutschigen Flinsbänken und dergleichen mehr muß tunlichst vermieden werden! Sonst bringt der Angler nicht nur sich selbst, sondern auch andere in Gefahr, die ihm dann im Notfall helfen wollen. Mit auf die Verbotsliste gehört auch sorgloses Benutzen gebrechlicher Boote sowie hastiges Draufloswaten in starker Strömung oder gar in Gewässern, deren Boden und Bodenart wegen des trüben Wassers nicht zu erkennen ist.

Deckung suchen und nutzen

Wer sich einer fangversprechenden Stelle nähert und dort verweilt, sollte jede Deckungsmöglichkeit gegenüber dem Fisch nutzen! Steht der Angler z. B. ungedeckt auf erhöhtem Ufer, hebt sich seine Silhouette für die Fische schon von weitem sichtbar gegen den hellen Himmel ab. Die Fische fliehen dann sofort oder rühren zumindest jetzt keinen Köder mehr an.

An Fließgewässern gibt es in vielen Fällen die Möglichkeit, sich den meist gegen die Strömung stehenden Fischen unbemerkt von stromabwärts her zu nähern. An stehenden Gewässern jedoch ist die Wahrscheinlichkeit, von den Fischen gleich ausgemacht zu werden, erheblich größer als im Fließgewässer, da die Fische hier ja mit dem Kopf nach allen Richtungen hin stehen, also auch sehen können.

Beim Fischen vom Boot aus ist es ebenfalls ratsam, seine Silhouette so niedrig wie nur irgend möglich zu halten. Wer sich z. B. beim Spinnfischen aufrecht ins Boot oder gar auf die Sitzbank stellt, fällt allen dem Köder dichtauf folgenden Raubfischen sofort auf und wird sie zum sofortigen Abdrehen veranlassen.

Deckung gibt es am Ufer z. B. vor oder hinter Gebüsch oder Bäumen, einer Bodenerhebung, Felsbrocken oder dergleichen. Der Angler kann vor oder hinter der Deckung stehen oder sitzen. Die »Silhouettendeckung« hinter ihm sollte möglichst nicht nur seinen Körper, sondern zugleich auch die Rute und den rutenschwingenden Arm decken. Eine über die Silhouettendeckung hinausragende Gerte wird jedoch von den Fischen vermutlich nur für einen sich leicht im Wind bewegenden Zweig gehalten und erregt daher keine Fluchtreaktion.

Bei vor dem Angler befindlicher Deckung wie Büschen, Bäumen, Pfeilern, Mauervorsprüngen und dergleichen ist es meist nicht zu verhindern, Kopf, Schulter, Arm oder Gerte seitlich hervorragen zu lassen. Nur hastige Bewegungen jedoch werden dabei von den Fischen sehr leicht wahrgenommen. Wenn man dagegen auf größere Entfernungen, in größeren Tiefen oder in undurchsichtigem Wasser angelt, dann treten diese Deckungsprobleme erst gar nicht auf.

Silhouetten-Deckung suchen.

Standort des Anglers

Wird der Angler bei niedrigem Sonnenstand direkt von vorn beschienen, fällt zwar sein Schatten nicht aufs Wasser, aber die Fische können ihn dennoch gut ausmachen. Der Angler wird nämlich wie von einem Scheinwerfer angestrahlt und damit aus der Umgebung hervorgehoben. Hinzu kommt, daß die Fische in diesem Fall nicht gegen die Sonne blicken müssen, also selbst nicht geblendet werden.

Je flacher und klarer das Wasser ist, je ruhiger der Wasserspiegel, je kürzer die Entfernung zum Fisch und je höher der Angler steht, desto eher wird er ausgemacht. Hat der Angler gar die Sonne im Rücken, fallen sein Schatten und der der Gerte weit hinaus aufs Wasser und beunruhigen durch ihre Bewegungen die Fische. Je höher die Sonne steht,

desto kürzer ist der Schatten und umso weniger stört er. An breiteren Gewässern und beim Fischen auf größere Entfernung wirkt sich der Schatten kaum ungünstig aus. Blickt der Fisch bei hinter dem Angler befindlicher Sonne in Richtung Angler, muß also direkt in die Sonne schauen, wird er geblendet und kann ihn, leider aber auch den Köder nur schlecht sehen.
Wenngleich bei hochstehender Sonne, also um die Mittagszeit, der Schatten auch recht klein und günstig ausfällt, so ist zu dieser Tageszeit die Beißlust der Fische leider recht gering.
Weit günstiger dagegen ist es, wenn die Sonne seitlich vom Angler steht. Sein Schatten fällt dann aufs Land und der den Köder verfolgenden Fisch wird jetzt von der Sonne nicht so geblendet, daß er den Köder nicht mehr ausmachen kann. »Fehlbisse« sind jetzt selten.

Verhalten am Angelplatz

Ist der Haken mit dem richtigen Köder schließlich am geeigneten Platz ausgeworfen, muß sich besonders der ungeduldige Petri Jünger beherrschen und ohne sich viel zu regen, den erhofften Anbiß abwarten. Eine Bewegung oder Bodenerschütterung zu viel, und schon sucht der Fisch das Weite. Besondere Vorsicht ist an kleineren, flacheren und klareren Gewässern geboten, an denen der Angler immer wieder ins Blickfeld der beangelten Fische gerät.
Schließlich kann es auch zu Schwierigkeiten beim Landen der Beute kommen, hat sich der Angler nicht schon vor dem Auswerfen des Köders nach einem günstigen Landeplatz umgesehen. Es wäre z. B. überaus leichtfertig, wenn man sich so ans Wasser stellt, daß sich zwischen der Angelstelle und dem nächsten günstigen Landeplatz ein dicker Baum oder ein Gebüsch befindet. Zum Landen des Fisches müßte dann nämlich erst die Rute um den Baum oder das Gebüsch herumgereicht werden – alles sehr ristkant – ehe der Zugang zum eigentlichen Landeplatz frei wäre.
Zum richtigen Verhalten am Angelplatz gehört aber auch, daß sich die Angler untereinander stets korrekt verhalten. Sich schon an einer Angelstelle aufhaltende Kameraden sollten z. B. niemals geräuschvoll begrüßt und dabei in ihrer Nähe herumgetrampelt werden. Ein kurzer Zuruf aus einigen Metern Entfernung oder ein verhaltenes Zuwinken genügen für eine zunftmäßige Begrüßung vollkommen. Der Begrüßte sollte nicht veranlaßt werden, fischvergrämende Bewegungen zu machen.

Schnelles Kennenlernen unbekannter Gewässer

Bei Zeitmangel stets nur die markantesten Angelplätze aufsuchen

Als Ortsuneingeweihter wird man sich an einem unbekannten Gewässer meist schwertun und lange brauchen, bis eine ausreichende Menge fangträchtiger Gewässerstellen gefunden ist. Ohne helfende Hinweise, wie sie in diesem Buch in reicher Zahl zu finden sind, wird das nur selten schnell gelingen. Gerade die Zeitfrage ist heute aber meist unser Problem.
Dennoch sollte der Angler ihm noch unbekannten Gewässern immer mit Optimismus beggenen. Er braucht nur zu wissen, wie unbekannte Gewässer anzugehen sind, wo sich die verschiedenen Fischarten aufhalten, wie also ihre typischen Standorte aussehen und wo

diese ganz bestimmten markanten Gewässerbilder zu suchen sind.
Bei klarem Wasser und Normalwasserstand gelingt uns das natürlich leichter als bei trübem und tiefem Wasser oder gar bei schmutzigem Hochwasser. Aber wie die Verhältnisse auch liegen, zum Fischen kommen wir auf jeden Fall, und mit brauchbarer Beute ist ebenfalls zu rechnen. Der Angler befischt dann eben bei nicht einsehbarem oder schmutzigem Hochwasser nur die Fischstandplätze, die er gerade noch erkennen oder zumindest noch erahnen kann. Auf gleiche Weise wird vorgegangen, sollen größere oder tiefere Fließ- oder auch stehende Gewässer erforscht werden.
Bei starken Hochwasserströmungen sind die Fische nicht in den stärksten Hauptströmungen, sondern nur an deren Rand zu suchen. Ebenso in weniger strömungsausgesetzter Ufernähe, leichten Rückströmungen oder gar den kaum strömungsausgesetzten »Spiegeln«, Randwassern oder stillen Flächen im Flußrandbereich.
Eine große zusätzliche Hilfe für schnelles Kennenlernen unbekannter Gewässer bieten außerdem die oft auf der Rückseite der Fischkarte abgedruckten örtlichen Gewässerkarten!
Für das Kennenlernen stehender Gewässer kann sich der Angler vor Antritt einer Urlaubsreise aber auch eine »Generalstabskarte« des am Urlaubsort zu befischenden Gewässers besorgen. Generalstabskarten gibt es im Katasteramt oder in speziellen Kartengeschäften.
Aus beiden Kartenarten sind viele Hinweise, wie z. B. über den Verlauf oder Umriß des jeweiligen Gewässers zu ersehen, über Geradstrecken oder Kurven, einströmende Nebengewässer, oder auf Grund der »Tiefenlinien« der Verlauf der ersten »Schar«, etwa vorhandene Inseln, Untiefen, Gräben oder der frühere Flußbettverlauf in einem

Stausee. Der Generalstabskarte für stehende Gewässer kann der Angler neben den unter Wasser liegenden »Geheimnissen« dann aber auch über Wasser erkennbare Ufergestaltungen, wie z. B. verlockende kleine Buchten, Landzungen, einmündende Nebengewässer oder Bucht-Diagonalen bzw. größere Dampferstege, Segelschulen, Hafen- und Werftanlagen oder am Ufer gelegene Badeanstalten entnehmen, die dann auf dort vorkommende, ganz bestimmte Fischarten schließen lassen. Es gilt also nur, diese Karten eingehend anzusehen.

Leicht erkennbare »Angelplätze an Fließgewässern«

Hierzu zählen: Bach, Fluß, durchströmter Kanal und Altwasserarm, sowie Strom

Angelplätze am eigenen Ufer

Die neben der jeweiligen Angelstelle angegebene Ziffer markiert die Lage dieser Angelstelle auf der meist nebenstehenden Zeichnung (S. 19)

Unterspülte Ufer Das sind meist nur ① 1/2–3 m lange Stellen, an denen das manchmal recht tiefe Wasser unter das eigentliche Ufer reicht. Die Unterspülung des Uferbodens, auch von Felsplatten, ist auf verstärkten Strömungseinfluß zurückzuführen. Bei ausreichend Nahrung zuführender Strömung ist dies ein bevorzugter Standplatz deckungsliebender Raubfische.

Die Deckung des Anglers ist hier nicht so wichtig, wohl aber, daß er keine Bodenerschütterungen verursacht. Befischung stets stromab. Der Angler muß den Köder bodennah, ganz dicht neben dem Versteck abtreiben lassen oder

»Überhängende Krautbetten« – ein bevorzugter Standplatz für Salmoniden.

ihn dort langsam zupfend stromauf führen.

② **Überhängende Zweige bzw. Grashalme** Zweigwerk kann bis zu 3 m weit bis dicht auf die Wasseroberfläche herunterhängen und das sogar auf einer Uferlänge von bis zu 15 m und mehr. Bei ausreichend Nahrung zuführender Strömung ist dies ein bevorzugter Standplatz aller deckungsliebenden Fried- und Raubfischarten.
Gute Deckung des Anglers ist jetzt wichtig, da ihn die Fische durch kleinste Zweig- bzw. Graslücken sofort bemerken. Also nur langsamste Bewegungen machen. Möglichst keine Bodenerschütterungen verursachen. Stets stromab fischen. Köder mit der Strömung unter die niedrige Pflanzenüberdachung treiben lassen und dann möglichst langsam, zupfend und bodennah wieder stromauf führen.

Versunkene Äste und Bäume Wo an ③ tieferen Gewässerstellen versunkenes Astwerk, Baumkronen, ja ganze Bäume im Wasser liegen, ist fast immer der Standplatz eines größeren oder der mehrerer mittelgroßer Raubfische zu vermuten. Sie finden leichte Nahrung an den vielen dort umherschwimmenden Kleinfischchen und Deckung durch das versunkene Astwerk. Außerdem werden sie dort wegen der vielen Hängergefahren kaum befischt.
Zur genauen Köderplazierung braucht der Angler klares Wasser. Andernfalls bleibt er gleich hängen. Der Angler muß jeweils sehen können, von welcher Richtung her sein Köder durch größere Zweiglücken abwärtssinkt bzw. eintreibt. Deckung des Anglers ist jetzt wichtig, da ihn die Fische von unten her sofort erkennen können. Gehakte Fische möglichst schnell durch die Zweiglücken ins freie Wasser forcieren!

Angelplätze am eigenen Ufer.

Angelplätze zwischen den Ufern

④ **Gumpe, Kolk, Tumpf, Kessel** Dieser wohl beliebteste Angelplatz hat eine ganze Reihe von Namen. Gemeint ist jedoch immer die gleiche Angelstelle.
Die *Gumpe* ist als der typischste und fangsicherste Aufenthaltsort aller Fischarten anzusehen. Man versteht darunter eine muldenartige Vertiefung im Gewässerbett, die sich z. B. stromab von im Wasser liegenden größeren Gesteinsbrocken bzw. *Schwellen, Wehren* oder *Staudämmen,* an der *Einmündung von Nebengewässern* oder an der *Außenseite der Gewässerkurve* bildet.
Die Gumpe entsteht durch erhöhte Strömungseinwirkung, die den Gewässerboden meist eiförmig-oval, bei Wehrgumpen jedoch in voller Gewäs-

»Versunkene Äste und Bäume« – immer wieder ein sicherer Fangort für den Zander.

serbreite aushöhlt. Ihre Tiefe kann die Durchschnittstiefe des Gewässers um ein Mehrfaches überschreiten. Bei klarem Wasser erkennt man die Gumpe schon von weitem an ihrer erheblich dunkleren Gewässerfarbe.

Die Fische können überall stehen. Die größten nehmen die günstigsten, meist in Grundnähe gelegenen Standplätze ein. Wird einer frei, ist er meist schon am nächsten Tag durch den nächstkleineren Fisch wieder besetzt. Die Befischung dieser Angelstelle erfolgt von schräg-oben oder von der Seite aus, seltener von schräg-unten her. Letzteres vor allem bei Befischung der seitlich verlaufenden Rückströmung. Auf langsame Bewegungen und gute Deckung ist zu achten. Kleinere Bodenerschütterungen werden meist vom Strömungslärm übertönt.

»Gumpen« – dort kann man so ziemlich alles fangen.

»Zusammenfluß« – hier liegen die bevorzugten Fischstandorte an der Farbgrenze zwischen Trüb- und Klarwasser.

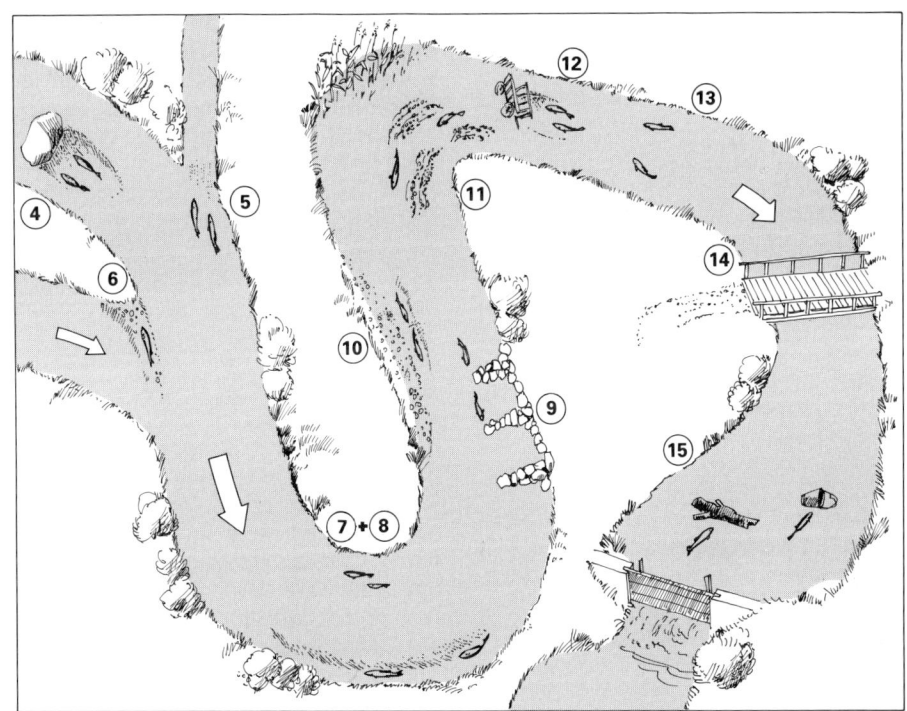

Angelplätze zwischen den Ufern.

⑤ **Einmündungsgebiet kleinerer Nebengewässer** Dies ist ein todsicherer Angelplatz für so ziemlich alle Fischarten. Die Angelstelle beginnt meist schon einige Meter vor der eigentlichen Einmündung und erstreckt sich soweit flußab, bis die Strömung des Nebengewässers von der des Hauptgewässers verschluckt wird. Reine Strömungsfische stehen fast immer in der Strömung, die Raubfische normalerweise seitlich davon, in den strömungsruhigeren Eckchen.
Gefischt wird zuerst stromab, an langer Schnur, erst später dann von der Seite her. Die Köder sollten möglichst bodennah angeboten werden.

⑥ **Zusammenfluß** So wird die Berührungs- und Vermischungsstelle zweier nahezu gleichgroßer Fließgewässer genannt. Zwischen der Landzungenspitze und den beiden seitlichen Strömungskanten bildet sich oft ein sogenannter »Spitzspiegel«, der, wie auch die anschließende Wasservermischungsgrenze wegen des reichen Nahrungsangebotes bei den Fischen sehr beliebt ist.
Befischungsstandplatz ist die Landzungenspitze. Deckung und Bodenerschütterungsfreiheit sind nicht übermäßig wichtig. Köder entweder auf Grund legen oder bodennah abtreiben lassen und langsam ruckweise wieder einholen.

Tiefe Rinne Hier handelt es sich um ⑦ eine schmale Längsvertiefung des Gewässerbettes, die sowohl in der Mitte als auch am Rand des Bettes verlaufen kann. Die Rinnentiefe überschreitet die Durchschnittstiefe des Gewässers erheblich. Sie hat meist stärkere Strömung. Deshalb halten sich darin fast nur strömungstüchtige Fische auf. Eine tiefe Rinne erkennt der Angler schon von weitem an ihrer erheblich dunkleren Wasserfarbe.

Deckung des Anglers und Vermeiden von Bodenerschütterungen sind hier wichtig, ganz besonders dann, wenn sich der Angler dem Angelplatz von seitlichen Geröllbänken her nähert. An möglichst langer Schnur schrägstromab fischen.

⑧ **Außen- bzw. Innenseite der Gewässerkurve** An der Außenseite bildet sich durch verstärkte Strömung eine tiefe, gekrümmte *Längsrinne* bzw. *Längsgumpe*, deren Tiefe die durchschnittliche Gewässertiefe um ein Mehrfaches überschreiten kann. Ist die Strömung ziemlich stark, halten sich hier vor allem Strömungsfische, wie z. B. Salmoniden oder Barben auf, sonst auch andere Fischarten, vor allem große Raubfische. Hier gibt es auch oft tiefe *Uferunterspülungen*.

Den krassen Gegensatz dazu zeigt die Innenseite der Gewässerkurve. Sie ist nahezu strömungslos, ganz ruhig und meist nicht allzu tief. Hier hält sich meist das Gros der Friedfische, sowie Hecht und Zander auf.

Deckungssuchen ist auf beiden Gewässerseiten notwendig, das Vermeiden von Bodenerschütterungen nur auf der Innenseite. Die Befischung erfolgt jeweils »von außen« bzw. »von innen« und zwar von der Seite her. Die Köder sollten auf beiden Seiten möglichst bodennah angeboten und geführt werden.

⑨ **Buhnenfeld, Buhnendamm und Buhnenkopf** Das Buhnenfeld ist die quadratische bis rechteckige Wasserfläche, die zwischen zwei Buhnendämmen liegt. Die Buhnendämme erstrecken sich vom Ufer weit in den Strom hinaus und werden aus großen Steinen errichtet. Der Buhnenkopf ist das Ende des Dammes im Strom. Dicht stromabwärts des Buhnenkopfes bildet sich stets eine *gumpenartige Vertiefung,* die die größten Fische birgt. Aber auch das gesamte Buhnenfeld kann, besonders bei Hochwasser, als sehr fischreich eingestuft werden.

Befischung von der unteren Dammecke her, in Richtung zum Buhnenkopf. Von hier aus Beangelung der tiefsten Stellen und dann Absuchen des Buhnenfeldes mit »fächerartigen« Würfen. Auf Deckung achten. Kleinere Bodenerschütterungen werden vom Strömungslärm verschluckt. Die Köder sollten möglichst bodennah angeboten bzw. geführt werden, mit Ausnahme bei der Befischung des Rapfens.

⑩ **Außenrand von Kies- und Schotterbänken** Man versteht darunter jene schmale, nur wenige Meter breite Gewässerregion, die sich in großen Flüssen und Strömen zur Wasserseite hin die Kies- und Schotterbänke entlangzieht. Von der Hauptströmung wird hier viel Nahrung angetrieben, die wiederum viele Friedfischarten anlockt.

Befischung von der Kies- bzw. Schotterbank her. Da meist keine Deckung in der Nähe ist, vom Kiesbankrand möglichst weit zurückbleiben. Vorsicht beim Gehen auf dem Rollgestein!

⑪ **Kraut-, Schilf- und Binsenbänke** Sie alle wirken sowohl auf Fried- als auch auf bestimmte Raubfische und in Strömungsnähe, erstere sogar auf Salmoniden anziehend. Friedfische und Salmoniden finden reichlich Naturnahrung und Aufwuchs zwischen und an den Pflanzenstengeln, Raubfische ausreichende Deckung.

»Unter der Brücke« – hier findet man oft kapitale Fische.

Obwohl der Angler die im Kraut verborgenen Fische fast nie wahrnimmt, sehen sie ihn doch. Also in Deckung bleiben, und da der Angler zur präzisen Köderplazierung ziemlich nahe an diese Angelstelle heranmuß, jegliche Bodenerschütterungen oder Geräusche im Kahn vermeiden. Befischung von schräg-oben oder seitlich her. Köder mit der Strömung auch in schmale Gänge zwischen die Pflanzenbetten eintreiben lassen.

⑫ **Spiegel** Sie gehören speziell bei Hochwasser zu den ergiebigsten Angelstellen. Unter *Spiegel* versteht man dabei eine meist nur wenige Quadratmeter große Fläche ruhigen und spiegelglatten Wassers, die ringsum von unruhigem und stark strömendem Wasser umgeben ist. Spiegel findet man z. B. hinter vorgelagerten Felsbrocken, Brückenstützmauern, Pfählen, angeschwemmtem Treibgut und dergleichen mehr, also hinter Strömungsbrechern. Spiegel sind meist mit mehreren Fischen besetzt. Bei Hochwasser ist ein Spiegel ein wahres Fischdorado!
Befischung von schräg-oben oder von der Seite her. Deckung nur bei Klarwasser nötig. Leichte Bodenerschütterungen werden vom Strömungslärm verschluckt. Köder möglichst bodennah führen.

Geradstrecke Unter diese Gewäs- ⑬ serbezeichnung fallen vier Arten von Fließgewässern, nämlich die Geradstrecke des natürlichen Gewässers, der mäßig bis heftig durchströmte Mühlgraben, der meist nur wenig durchströmte Kanal und der kräftig durchströmte Werkkanal. Typisch für alle: Sie weisen meist kein gegliedertes, sondern überall glattes Ufer, gleiche Breite, Tiefe sowie Strömung auf. Da sie den Fischen nur wenig Unterstände bieten und der Angler viel Zeit braucht, um sie erfolgreich zu befischen, sollte man nur diejenigen beangeln, die bei klarem Wasser den Blick

bis auf den Gewässergrund erlauben. Dann können gezielt vorher gesichtete Fischgruppen beangelt werden.
Auf Deckung und Vermeiden von Erschütterungen achten. Befischung von schräg-oben oder von der Seite her. Wird keine bestimmte Fischart beangelt, Wasserfläche »abfächern« und Köder bodennah abtreibenlassen sowie führen.

⑭ **Unter der Brücke** Das schützende Dunkel der Brücke ist ein begehrter Standplatz für alle deckungsliebenden Fische, handelt es sich dabei nun um niedrige Brücklein über kleine Bäche oder breitere bzw. höhere Straßenbrücken über Großstadtflüsse. Besonders alle Arten von Raubfischen wählen dort gern ihren Unterstand.
Geangelt wird meist von der stromauf gelegenen Seite der Brücke, und zwar unten vom Ufer her oder oben von der Brücke aus, wenn es erlaubt ist, dann aber auch nur von der stromab gelegenen Brückenseite aus. Sonst ist keine sichere Landung eines größeren Fisches gewährleistet. Befischung von vorn her durch Eintreibenlassen oder von hinten her, durch Unter-die-Brücke-Pendelnlassen des Köders. Köder bodennah führen.

⑮ **Vorstau** Hierbei handelt es sich um eine Verbreiterung des Bach- oder Flußbettes oberhalb eines *Wehres* oder *Staudamms*. Das Wasser kommt hier fast zum Stehen. Merkliche Strömung ist kaum vorhanden. Die Gewässertiefe kann hier ein Vielfaches der sonst üblichen betragen. Der Boden des Vorstaus ist meist sehr hindernisreich und weich.
Die Befischungsrichtung verläuft vom Vorstauanfang in Richtung Staumauer. Die riesige Wasserfläche wird am besten »abgefächert«. Köder nicht zu tief offerieren. Da der Angler meist sehr hoch steht, ist Deckung überaus wichtig.

Rauschende Wasser

Mühlschuß Der Mühlschuß ist wegen ⑯ seines meist reichen Fischbestandes bei den Anglern sehr beliebt. Er umfaßt die ganze Breite des Wasseraustritts unterhalb einer Wasserverwertungsanlage, wie z. B. einer Mühle oder eines Sägewerks. Die eine Gewässerhälfte wird in der Regel stärker durchströmt, die andere fast ohne Strömung sein. Unterhalb der Kammern ist normalerweise eine gumpenartige Vertiefung vorhanden. Die Fische halten sich überall auf, in der Hauptströmung, der Rückströmung und im strömungslosen Teil der einen Kammer.
Zur Befischung watet der Angler entweder von unten her in den strömungslosen Flachteil hinein oder beangelt den Mühlschuß von der Seite oder von unten her, indem er sich auf den dort meist vorhandenen breiteren Mauervorsprung stellt. Durch die seitlichen Gebäudeteile gibt es eine gute Silhouettendeckung. Köder bodennah abtreiben lassen oder führen.

Schwelle Dies ist ein die ganze Ge- ⑰ wässerbreite überspannender kleiner und niedriger Damm, der das Wasser oberhalb etwas anstaut. Es schießt dann sprudelnd über den 2–3 m breiten Damm hinüber und hat unterhalb desselben eine meist die ganze Gewässerbreite einnehmende tiefe *Quergumpe* ausgewaschen, die beidseitig evtl. in eine oder zwei *Tiefe Rinnen* ausläuft. Auch diese Angelstelle ist sehr fischreich, vor allem wegen des hohen Sauerstoffgehaltes des Wassers.
Geangelt wird von der Seite oder direkt von oben, vom Damm aus. Vorsicht! Der Damm kann sehr rutschig sein. Beim Aufsetzen der Füße stets darauf achten, daß keine Schmutzwolken abtrei-

Rauschende Wasser.

ben und die Fische vergrämen. Köder bodennah führen.

⑱ **Wasserfall- oder Wehrkessel** Stürzt das Wasser aus großer Höhe über eine Kante abrupt in die Tiefe, so ist das ein Wasserfall. Es kann sich hierbei um einen natürlichen oder auch um einen von Menschenhand geschaffenen Wasserfall, z. B. ein *Wehr* handeln. Die entstandene *Gumpe* ist meist tief ausgewaschen und birgt Fische aller Arten und Größen.
Befischung am besten von der Seite her, da der Angler hier gute Silhouettendeckung hinter sich hat. Von oben her zu fischen brächte nur Landungsprobleme. Bodenerschütterungen werden durch das tosende Wasser verschluckt. Köder bodennah führen.

Meist übersehene Angelplätze

Verrohrungen und Abdeckungen ⑲
Obwohl deutlich sichtbar und überall gleich zu finden, werden diese beiden Standplätze von den meisten Anglern »überlaufen«! Gemeint ist der stromauf gelegene Beginn einer z. B. unter einem Feldweg befindlichen kürzeren oder längeren Verrohrung oder die Plankenabdeckung eines Baches, z. B. innerhalb eines Sägewerks. Hier können sich oft mehrpfündige Fische untergestellt haben, die schließlich so dick werden, ... daß sie sich nicht mehr umdre-

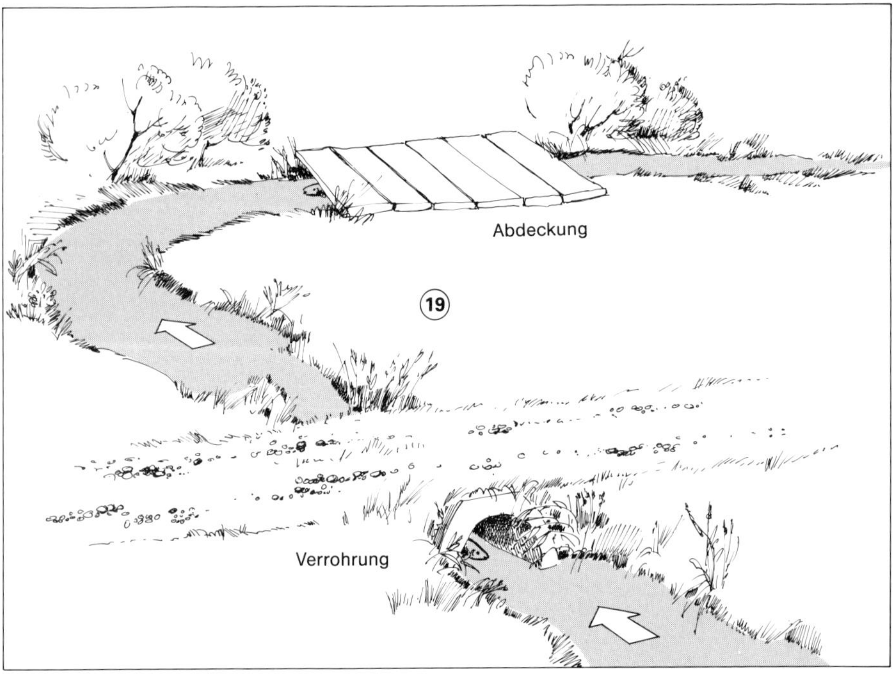

Meist übersehene Angelplätze.

hen und die Verrohrung auch nie mehr verlassen können! Erst die beginnende Verstopfung eines solchen Fließgewässers macht schließlich auf den Verursacher aufmerksam!

Befischung von seitlich vorn, durch Eintreibenlassen des Köders. Es kommen nur reine Schwimmköder in Frage. Der Anhieb wird sofort nach dem meist laut platschenden Anbiß gesetzt.

Was für riesige Forellen man doch aus »Verrohrungen« herauskitzeln kann.

26

»Steil abfallende Uferregion« – dies ist das Revier der riesigen Hechte.

Leicht erkennbare »Angelplätze an stehenden Gewässern«

Hierzu zählen: Teich, vollgelaufene Kiesgrube, Altwasser, See, Bagger- und Stausee

Angelplätze in Ufernähe

Die neben der jeweiligen Angelstelle angegebene Ziffer markiert zugleich auch die Lage dieser Angelstelle auf der nebenstehenden Zeichnung

⑳ **Landzunge** Der Umkreis einer Landzunge ist ein bevorzugter Aufenthaltsort für fast alle Fischarten, ganz besonders dann, wenn die Landzungenecken und die Spitze mit aufgelockerten Gruppen von Wasserpflanzen bewachsen sind. An der Landzungenspitze halten sich gern kapitale Raubfische auf. Bei kleineren Landzungen befischt man zuerst die beiden Ecken, dann die beiden Längsseiten und schließlich die Landzungenspitze. Bei größeren Landzungen beginnt man in der einen Ecke und fischt sich dann über die eine Längsseite zur Spitze und die anschließende Längsseite bis zur anderen Ecke vor. Auf gute Deckung, langsame Bewegungen und geringste Bodenerschütterungen achten! Köder bodennah führen. Ufer Meter für Meter »abfächern« und zuerst mit kürzeren, ufernahen Würfen beginnen.

Steil abfallende Uferregion Hier ㉑ kann das Wasser schon zwei Rutenlängen vom Ufer entfernt bereits mehrere Meter tief sein. Große Fische aller Arten bevorzugen diese Region dann, wenn

sie buchtartig oder von kleinen Einbuchtungen gekennzeichnet bzw. mit aufgelockertem Kraut-, Binsen- oder Seerosenbestand besetzt ist oder dort ein kleineres Fließgewässer einmündet.
Befischung mit »fächerartigen« Würfen vom Uferrand her. Auf beste Deckung achten. Bei weichem Wiesen- oder Moorboden jegliche Bodenerschütterungen vermeiden. Das gleiche gilt, nähert man sich der Angelstelle mit dem Boot und verankert es eine halbe Wurflänge vor der Angelstelle. Anker hierbei sehr sanft absenken oder Boot ganz langsam auf Angelplatz zugleiten lassen. Im Boot kein Geräusch verursachen. Köder bodennah anbieten und führen.

Schilf- und Binsengürtel Oft dehnen sich derartige Pflanzengürtel an größeren Seen kilometerlang aus. Verlaufen Teilstrecken davon auf der Wasserseite schnurgerade und wie abgeschnitten, wobei die Halme auch noch dicht an dicht stehen und das Wasser dort nicht allzu tief ist, sollte der Angler diese Strecken als »tote Gebiete« meiden! Gut und vielversprechend, sowohl für den Fried- als auch den Raubfischfang, sind dagegen alle Einbuchtungen, vor allem, wenn die Pflanzen dort ziemlich aufgelockert stehen, bei einer Wasser-

Angelplätze in Ufernähe.

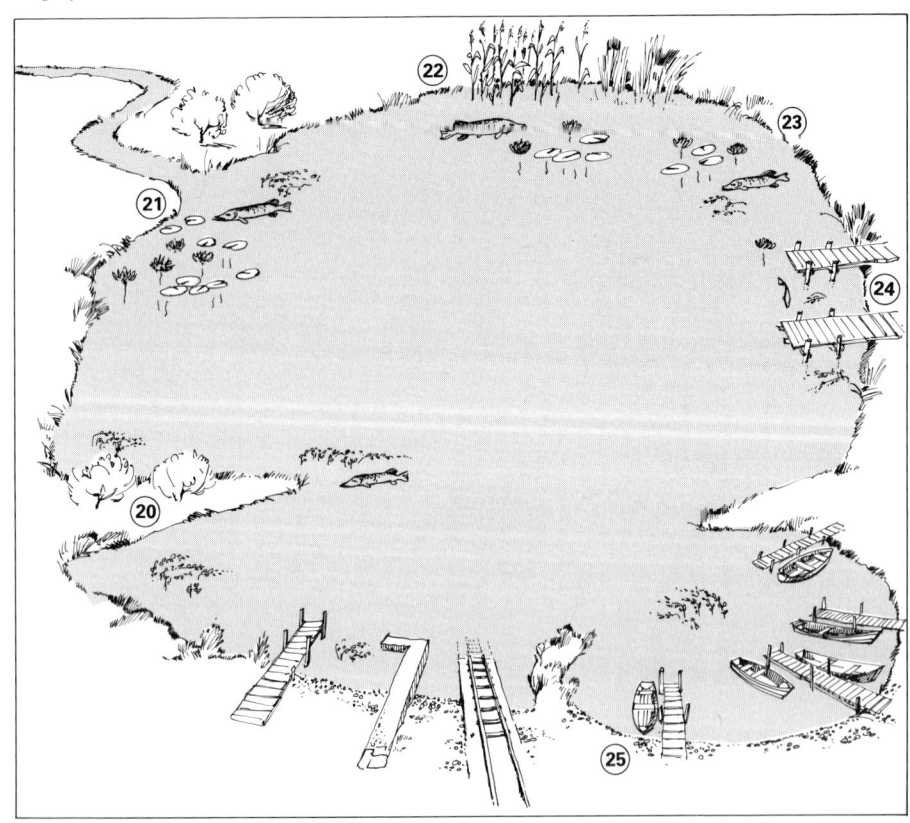

tiefe von 1,5–2,5 m. Das gilt auch für die *Schilf- und Binsengürtel,* die in der Nähe von Werftanlagen, Badehütten oder Stegen wachsen.

All diese Stellen werden meist vom Boot aus befischt, mit dem man von der Wasserseite her besser, leiser und leichter an die Einzelgebiete herankommt. Auch die Fische sind hierbei müheloser zu landen. Es sollte immer möglichst weit in die Freiwasserlücken hineingeworfen werden. Auf beste Deckung und weitgehendste Erschütterungsfreiheit des Bootes achten und den Anker geräuschlos absenken.

㉓ **Kraut- und Seerosenbeet** Diese Angelstelle läßt sich oft auch vom Ufer aus befischen. Teilweise gemischt oder auch für sich allein stehend, fällt sie sowohl in der flacheren als auch in der bis zu etwa 4 m tiefen Uferregion sofort auf. Man findet die Pflanzenbeete vor allem in kleineren Einbuchtungen von Ufer-, Schilf- oder Binsenkanten oder vor unterspülten Ufern. Desgleichen bedecken sie oft weit draußen im Freiwasser große Flächen oder auch ganze Buchten. Fried- und Raubfische aller Größen sind hier vertreten.

Die Befischung vom Boot aus, also von der Wasserseite her, ist der vom Ufer aus entschieden vorzuziehen. Der Angler kann dann die Auflockerungsstellen bzw. die zahlreichen kleinen Gassen und Lücken zwischen den Pflanzenbeeten zielsicherer und vor allem gründlicher befischen. Das Landen eines größeren Fisches ist hier sicherer. Auf eine niedrige Silhouette des Anglers im Boot und Vermeidung von Erschütterungen ist auf jeden Fall zu achten. Köder tief anbieten und führen.

㉔ **Bade-, Boots- und Dampferstege**
Die meisten Fischarten kommen gern an diese Stellen, wenn die Wassertiefe dort etwa 1 1/2–3 m beträgt und sich in der Nähe oder auch zwischen den Stegpfeilern aufgelockerte Pflanzengruppen befinden.

Man angelt entweder vom Steg aus, sofern eine Erlaubnis dafür zu bekommen ist oder notfalls auch vom Boot aus. Im ersteren Fall muß der Steg natürlich absolut sauber wieder verlassen werden, sonst gibt es bestimmt keine zweite Erlaubnis mehr. Zwischen den Stegpfeilern gesichtete Fische werden gezielt befischt. In der Regel wird das umliegende Gebiet »abgefächert«. Der Köder wird meist in der Grundregion angeboten und geführt.

Hafen- und Werftanlagen Sie bestehen aus Stegen, befestigten Hafenbecken, dem Gebiet vor, in und um Schiffshütten und evtl. aus an der »ersten Schar« verankerten Schiffsbojen. Hier sind überall Fische zu fangen. Vom Ufer aus braucht der Angler meist eine Erlaubnis, vom Boot aus nicht. ㉕

Das Gebiet der Hafen- und Werftanlagen kann sowohl von den Stegen, Einfassungsmauern oder Molen als auch vom Boot aus befischt werden. Das Boot aber nie fest verankern, um manövrierenden Schiffen schneller ausweichen zu können!

Angelplätze weiter draußen

Erste »Schar« Sie stellt den abrupten Steilabfall von der flachen Uferregion zur nächsten Tiefenregion dar. Manchmal liegt sie nur einige Meter, manchmal aber auch 100 m oder mehr vom Ufer entfernt. Ihr Verlauf ist bei einigermaßen klarem Wasser sofort am plötzlichen Übergang der hellgrünen Wasserfärbung der Flachzone in die dunkelgrüne der Tiefenzone zu erkennen. Abbruchkante, fallende Hangseite und der Fuß des Scharhanges sind ein beliebter Aufenthaltsort jeglicher ㉖

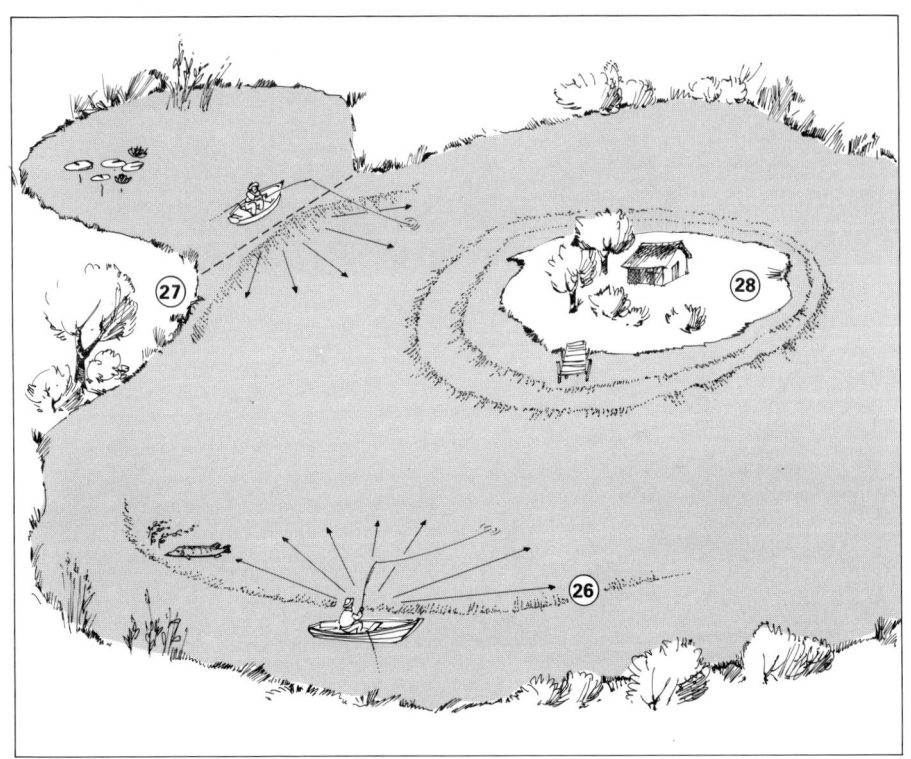

Angelplätze weiter draußen.

Fischarten, vor allem aber der größeren bis kapitalen von ihnen.
Befischung vom noch in der flachen Gewässerregion, ganz, ganz vorsichtig verankerten Boot aus, mit »abfächernden« Würfen in Richtung Seemitte. Köder unbedingt bis in Grundnähe absinken lassen.

㉗ **Buchtdiagonale** Sie ist die Verbindungslinie der beiden am Buchteingang einander gegenüber liegenden Uferkrümmungen. Meist stimmt sie in ihrem mittleren Teil mit dem Verlauf der *Ersten Schar* überein. Sie erweist sich als besonders fischreich, wenn sie noch zusätzlich mit *unterseeischen Krautbeeten* bestanden ist.

Befischung vom im Flachteil verankerten Boot aus, mit »abfächernden«, zur Seemitte hin gerichteten Würfen. Köder tief führen.

Gebiet um Inseln Inseln gibt es vor ㉘ allem in größeren Seen. Im Gebiet um Inseln herum trifft der Angler wieder auf einen Großteil der schon weiter oben besprochenen Angelplätze, wie z. B. die *Erste Schar,* das *Steggebiet, Werftanlagen, Badeanstalten* usw. Hinsichtlich der Behandlung dieser Angelplätze darf auf die entsprechenden Abschnitte verwiesen werden.
Wichtig für das Auffinden vieler Angelstellen im Gebiet um Inseln herum ist eine exakte Gewässerkarte mit genau-

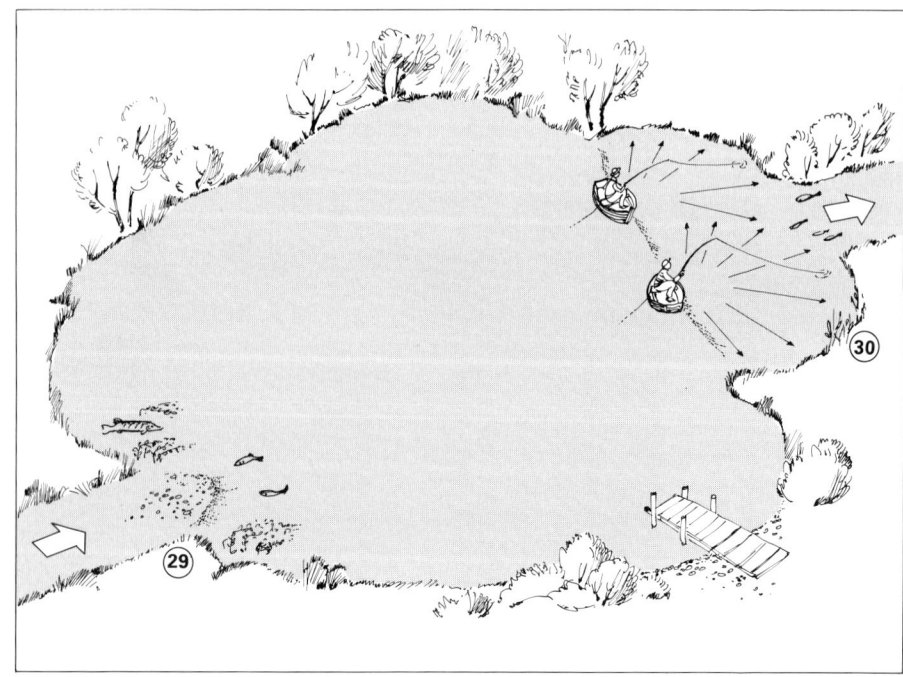

Angelplätze mit Strömungseinfluß.

en Tiefenlinien. Sie erspart dem Angler mühsames Loten und Suchen. Tiefenlinien lassen auch auf das Vorkommen spezieller Fischarten und bestimmter Fischgrößen an ganz gewissen Stellen schließen. Kein Geräusch im Boot verursachen! Köder tief führen.

Angelplätze mit Strömungseinfluß

㉙ Einmündung von Fließgewässern
Dieses Angelgebiet erstreckt sich etwa von den beiden Uferecken über den seewärts gerichteten Kies-, Schlamm- oder Sandaufwurf und den anschließenden Tiefenabfall bis in die Seezonen, wo der Strömungseinfluß des Fließgewässers endet. Die durch die Fließgewässerströmung eintreibende Nahrung, der große Sauerstoffgehalt des Wassers und die hier im Hochsommer stets vorherrschende angenehme Gewässerkühle locken Fische aller Arten und Größen in das Einmündungsgebiet herbei. Diese Angelstelle wird daher stets sehr fischreich sein.
Befischung meist von den beiden Uferecken, nur seltener vom in der Nähe verankerten Boot aus. Auf keinen Fall darf auf den vom Fließgewässer angeschwemmten *Kiesaufwurf* hinausgewatet werden, auch wenn er noch so flach erscheint! Es handelt sich hier nämlich um reinen »Schwemmkies«, der dem Fuß keinen festen Halt bietet und ihn entweder sofort einsinken läßt oder von stärkerer Strömung unter den Füßen sofort weggeschwemmt wird! Lebensgefahr!

㉚ **Abflußgebiet von Fließgewässern**
Man versteht darunter das Gebiet, wo ein Fließgewässer den Abfluß eines Sees bildet. Dazu gehört die dem Abfluß meist vorgelagerte Bucht, der eigentliche Fließwasserbeginn und etwa die ersten 20–40 m im Fließgewässer selbst. Die Angelstelle ist umso attraktiver, als darin aufgelockerte Pflanzenbestände eingestreut sind.

Geangelt wird entweder vom im offenen Buchtende verankerten Boot oder von den beiden Uferecken bzw., soweit erlaubt, den ersten Metern des beginnenden Fließgewässers aus. Vorsicht, man bleibt hier ziemlich oft hängen! Auf Deckung und das Vermeiden von Erschütterungen achten. Köder im unteren Tiefendrittel anbieten und führen.

Augen offenhalten

Spurenlesen

Wer als Ortsuneingeweihter nach vielversprechenden Angelplätzen sucht, und am Ufer eines unbekannten Gewässers entlanggeht, sollte nicht nur allein ins Wasser blicken, sondern auch Uferpfad und Uferstellen genauestens auf die Häufigkeit früherer Begehungen bzw. Benutzungen hin inspizieren. Werden hieraus dann die logischen Schlüsse gezogen und entsprechend gehandelt, kann der Erfolg nicht ausbleiben. Hierzu einige Beispiele.

Ausgetretener Pfad

Ein ausgetretener Pfad im dichten Ufergebüsch deutet z. B. darauf hin, daß hier des öfteren auch andere Wasserinteressenten entangzugehen pflegen. Spaziergänger werden sich kaum durch dicht verwachsene Uferstreifen voranquälen. Jäger können es auch kaum gewesen sein, denn sie treten nicht gleich in solcher Zahl auf, daß sie ausgetretene Pfade in unmittelbarer Wassernähe hinterlassen. Dies ist höchstens in der Wildentenzeit, also im zweiten Halbjahr möglich.
Also müssen es doch wohl Angler gewesen sein, die vor uns diesen ausgetretenen Uferpfad, vielleicht auch Abstiegspfad am Steilufer nach unten zum Wasser hin, des öfteren betreten und benutzt haben. Und wenn, dann gibt es hier ganz nahe sicherlich eine fischereilich interessante Stelle.

Ausgetretene Uferplätze

Ein mit gutem Zugang versehener, dicht am Wasserrand gelegener und an seinem vorderen Uferrand womöglich noch mit einer vergessenen Astgabel ausgestatteter ausgetretener kleiner Uferplatz deutet, noch dazu wenn er sich in Wurfweite einer verlockenden Angelstelle befindet, darauf hin, daß hier schon öfter ein Angler seinen Köder ausgeworfen hat.
Ehe nun der Angler, vielleicht vergebens, noch lange weitersucht, sollte er an diesem Platz erstmal verweilen und zu fischen beginnen. Wahrscheinlich gibt es hier auch die ersten Fangerfolge.

Versteckte Zugänge

Wenn der oben zitierte ausgetretene Angelplatz dann auch noch keinen direkten Zugang hat, sondern nur einen kleinen, versteckten Seitenzugang, selbst also ziemlich versteckt liegt, zeigt dies, daß der gelegentliche Benutzer dieses Platzes nicht gern andere dort haben möchte. Höchstwahr-

scheinlich handelt es sich hier also um eine gute Fangstelle.
Gerade aber nach solchen versteckten Seitenzugängen sollte der Ortsunkundige Ausschau halten.

Abgebrochene Zweige

Sowohl seitlich am Boden eines ausgetretenen Uferplatzes im Ufergebüsch liegende Zweige als auch abgebrochene Aststellen im überhängenden Astwerk zum Zweck der Wurferleichterung an einem sonst vielleicht etwas zu engen Platz, deuten wiederum darauf hin, daß sich hier jemand zuvor die Mühe gemacht hat, »auszuholzen«, um an den Fisch zu kommen.

Im überhängenden Astwerk hängengebliebene Angelgerätschaften

Hier haben andere Petri Jünger schon ihr Glück, allordings durch einige Geräteverluste getrübt, versucht. Sind die dort oben oder weiter draußen »angebauten« Gerätschaften auch noch in größerer Anzahl und Vielfalt zu sehen, deutet alles darauf hin, daß hier entweder ein einziger Unverbesserlicher gewütet oder daß eine ganze Reihe von Anglern nicht an die gesicherte Zukunft ihres Geräts gedacht hat!

Abgerissene und seitlich einer Angelstelle versteckte Schnurreste

Sie sind leider nicht nur Zeugnis für die Benutzung dieser Angelstelle, sondern vor allem dafür, daß sich hier vor unserem Erscheinen ein ungeduldiger, nicht umweltbewußter Angler betätigt hat.
Denken wenigstens wir an die gewässernah lebenden Tiere und daran, daß sie sich in diesen Schnurresten verhängen und elend umkommen können! Eine Bitte: Jeder Angler sollte im Ufergebüsch versteckte Schnurreste, auch wenn sie nicht von ihm selbst stammen, stets mitnehmen, um sie zu Hause, für die Tiere ungefährlich, zu vernichten!

Entkrautete Angelstellen im dichten Pflanzengewirr

Auch hier hat sich jemand schon die Mühe gemacht, wohl mit selbstgebasteltem Gerät, ein etwas größeres Fleckchen im dichten Pflanzenteppich zu entkrauten. Das aber tut man normalerweise nicht ohne Grund. Hat aber jemand schon einmal ein schweres und sperriges Entkrautungsgerät mitgeschleppt und es benutzt, dann sollte man diese Pflanzenlücken auch beangeln.

Anfütterungsplatz

Wer recht aufmerksam hinsieht, wird manchmal am Uferrand verstreute oder im Flachwasser, vielleicht auch in einer vom Vorgänger freigemachten Lücke im dichten Pflanzenteppich, noch einige dort liegengebliebene Anfütterungsreste ausmachen können.
Wo aber angefüttert wird, da gibt es meist auch etwas zu angeln. Und wenn der edle Vorgänger gerade nicht am Platz verweilt, dann ist es dem Angler auch durchaus gestattet, die Vorarbeit ... dankbar zu würdigen!

Abgesägte dickere Äste im dichten Ufergebüsch

Ein Ortsuneingeweihter wird an seinem ersten und womöglich auch einzigen Pirschgang an einem unbekannten Gewässer ganz bestimmt nicht mit einer Säge herumlaufen. Er wüßte ja gar nicht, daß und wo er überhaupt eine solche brauchen könnte.
Also muß, finden wir abgesägte dickere Äste im dichten Ufergebüsch, doch wohl ein einheimischer, ortsvertrauter

Wenn man die Augen offen hält, sind ergiebige Fangstellen bald gefunden.

Angler am Werk gewesen sein und es für wert gehalten haben, diese bestimmte Stelle des dichten Ufergebüsches mühevoll »auszuholzen«! Nun, und wer so etwas tut, der weiß auch warum. Man sollte sich daher an einer solchen Stelle ruhig einmal vorsichtig an die freigemachte Gewässerstelle vorschieben. Vielleicht wartet dort eine Überraschung auf uns!

Im Ufergebüsch versteckte Hilfsgeräte zum Hängerlösen

Findet man im Ufergebüsch einer ziemlich unzugänglichen und verwachsenen Angelstelle Hilfsgeräte zum Hängerlösen, wie z. B. lange Äste mit Spitzen-Vergabelungen oder sogenannte »Weidenkränze«, dann deutet das darauf hin, daß hier schon jemand tätig war. Würde er diese Hilfsmittel nach dem Hängerlösen einfach nur weggeworfen haben, hätte er wahrscheinlich nicht die Absicht gehabt, in absehbarer Zeit hierher zurückzukommen. Wurden die Hilfsgeräte dagegen sorgsam versteckt, muß diese Angelstelle also schon Erfolg gebracht haben.

Vom Schlick freigeriebener Kies- oder Gerölluntergrund im Flachwasser

Sind auf dem braunen Kies- oder Gerölluntergrund im Flachwasser, z. B. am Rand von Geröllbänken mit daneben liegenden *Tiefen Rinnen* oder *Gumpen*, helle Flecke oder Streifen auszumachen, dann hat sich ein Angler zuvor hier schon die Mühe gemacht, den an dieser Angelstelle überaus rutschigen Grundschlick, mit dem jeweils vorgesetzten Fuß, Fleck für Fleck wegzureiben. Wer sich aber derartige Mühe macht, um sich näher an eine verlockende Angelstelle heranzuschieben, der weiß schon warum. Die Angelstelle wird also sicher gute Beute bringen.

Sind solche schlickfrei geriebenen Stellen aber schon einmal da, ... so sei dem Vorangler dafür gedankt, und sollten die trittsicheren Standflecken auch genutzt werden.

Schuppen auf wassernahen Steinen

Nach dem Schuppen und Ausnehmen eines Fisches sollte kein Angler die Schuppen einfach nur am Ufer liegenlassen! Sie können in einer alten Zeitung mitgenommen und irgendwo vergraben oder daheim weggeworfen werden. Bleiben Schuppen aber am Angelplatz schon einmal offen liegen, ist dies die Bestätigung für einen Fangerfolg. Daß der unbekannte Angler die Fische in großer Entfernung gefangen hatte, um sie dann gerade hier auszunehmen, ist unwahrscheinlich. Und kennt der Betrachter dann auch noch die wichtigsten Schuppenarten, können aus den hier gefundenen Schuppen sogar die jeweils gefangenen Fischarten und bei größerer Erfahrung auch deren ungefähre Größe abgelesen werden.

Je weiter weg wir all diese Zeichen finden...

Je weiter vom Parkplatz entfernt all diese obengenannten Anzeichen für das Vorhandensein vielversprechender Angelstellen festzustellen sind, umso wahrscheinlicher ist es, dort auch gute Beute zu machen!

Was tun die Nachbarn

Auch aus der Tatsache, wo sich gerade noch in der Ferne erkennbare andere Angler postieren oder auch ganz in unmittelbarer Nähe ihren Angelplatz haben, lassen sich Schlüsse ziehen, wo sich der Ortsuneingeweihte »später« hinstellen könnte, ist der Platz schließ-

lich freigeworden. Auf keinen Fall aber darf man sich dicht an dicht neben schon an einer Angelstelle fischende andere Angler stellen. Das wäre eine grobe Störung!
Keine Störung dagegen ist es, liegt z. B. auf dem großen Walchensee in weiter Ferne eine Angelbootgruppe mit je 20 – 30 m Abstand von Boot zu Boot, die der Gastangler anrudert. Nähert er sich die letzten 200 m ganz, ganz langsam, vorsichtig und ohne jeglichen Lärm, stoppt das Boot etwa 30 m vor der Gruppe ab und senkt nun seinen Anker behutsam nach unten, wird keiner etwas dagegen haben. Nur dürfen die anderen Angler eben nicht durch lautes Rufen und Fragen oder lärmende Geräusche gestört werden!
Auf jeden Fall wissen die Bootsangler, die dort dicht an dicht verankert sind, wo sich die Seesaiblinge und Renken gerade aufhalten und wo nicht. Und das ist für den Gewässerneuling schließlich erst einmal das Wichtigste.
Mit welchem Gerät und Köder der Gastangler dort am besten fischt, bleibt ihm überlassen. Doch ein Blick auf die einheimischen Angler lohnt sich. Sie verwenden meist die gleichen Ruten mit besonders empfindlicher Spitze und anmontierter »Hegene«, d. h. in Paternosterart an kurzen Seitenzweigen übereinander am Vorfach angebrachten Saiblings- und Renken-Nymphen. Selten nur werden kleinste tote Köderfischchen am Spinnsystem benutzt.
Das Führungsmanöver der anderen Angler zeigt, wie der Köder angeboten wird. Bringt aber die eigene Köderführung schon Erfolg, ist »Spionage« überflüssig. Wer die Bootsgruppe wieder verläßt, verhält sich ebenso störungsfrei wie er gekommen ist.

Das »Universalgerät« bringt den größten Erfolg

Nur keine unnötigen Belastungen

Allgemein betrachtet

Der Gastangler muß ein ihm noch unbekanntes Gewässer erst erforschen. Er schiebt und zwängt sich zu diesem Zweck, z. B. durch dicht verwachsene, unbequem zu begehende, schwer zu überkletternde, teils sogar nicht ungefährlich zu durchwatende Uferpartien. Die Strecken können lang und ermüdend sein. Mit umfangreichem Gerät, also mit mehreren Ruten, Sitzkiepe, Gerätekoffer oder prall vollgepacktem Rucksack würde jeder rasch kapitulieren. So geht es also nicht. Die Ausübung unseres Hobbys soll uns ja schließlich Erholung und Entspannung bringen, nicht aber extreme Anstrengungen und Verkrampfungen!

Das Einzelgerät dominiert

Der Gastangler muß sich also für's Such- und Wanderfischen eine Angelausrüstung zusammenstellen, die er auch auf langen und bei großer Hitze ermüdenden Suchmärschen und beim Sich-durch-die-Büsche-Zwängen auf kleinstem Raum und bei geringstem Gewicht mitführen kann. Alles Überflüssige, was später nicht unbedingt gebraucht wird, bleibt daheim. Es wird nur das Allernötigste mitgenommen und das Gerät so zusammengestellt, daß das Hauptgerät, also Rute, Rolle und Schnur immer das gleiche bleibt, und nur das die Ausübung der unterschiedlichen Angelarten ermöglichende Zusatzgerät jeweils geändert wird.

Der Angler stellt sich also ein »Universalgerät« zusammen, das bei nur kleinsten zusätzlichen Umbauten die Ausübung mehrerer unterschiedlicher Angelarten ermöglicht. Ein so zusammengestelltes Gerät belastet und behindert nicht, sondern erhält und fördert unsere Freude am Angelsport!

Welche Angelarten lassen sich mit dem »Universalgerät« ausüben

Allgemeine Voraussetzungen

Beim sonst üblichen Angeln wird den jeweiligen Umständen entsprechend leichtes, mittelschweres oder schweres Gerät verwendet. Nun ist es aber nicht so, daß z. B. die Gerätewerte des »leichten« Gerätes für das Grundangeln auch unbedingt die gleichen sind, wie die für das »leichte« Gerät zum Spinnangeln oder Posenfischen. Um also mehrere Geräte - Verwendungsmöglichkeiten harmonisch aufeinander abzustimmen, so daß sich also mit einem einzigen Gerät durch nur kleine Veränderungen des jeweiligen Zusatzgerätes mehrere Angelmethoden optimal ausüben lassen, müssen alle Gerätewerte bestmöglichst miteinander in Übereinstimmung gebracht werden. Schließlich darf die Gerätekombination nicht so starr und steif sein, daß der Angler damit zwar gut »grundangeln« kann, aber die Rute zu wenig aktionsfreudig ist, um damit auch »leichte Spinnköder« befriedigend weit auswerfen zu können.

Alle diese Kriterien müssen später bei den Empfehlungen für die speziellen Gerätezusammenstellungen für unser zukünftiges Universalgerät in Betracht gezogen werden. Unser Ziel bleibt dabei: *Mit einem einzigen Gerät sollen sich alle damit evtl. praktizierbaren Angelarten, jede für sich bestens ausüben lassen!*

Mit dem Universalgerät ausübbare Angelarten

Reihenfolge nach Beliebtheitsgrad

Posenfischen

Diese Angelmethode ist allbekannt und nach wie vor am weitesten verbreitet. Hier wird der Köder sowohl Fried- als auch Raubfischen in allen Wasserschichten angeboten. Die Pose oder der fülligere Schwimmer, kleine oberhalb des Vorfachs an der Angelschnur

»Posenfischen« vom Boot aus.

»Grundangeln« mit Erfolg.

befestigte Schwimmkörper haben dabei die Aufgabe, den Köder auf einer vorgewählten Wassertiefe zu halten und später den Anbiß des Fisches anzuzeigen. Soll der Köder in geringer Tiefe, also weniger tief als die Gerte lang ist, angeboten werden, wird die festsitzende Pose verwendet. Muß der Köder dagegen tiefer angeboten werden als die Gerte lang ist, z. B. in 20 m Tiefe bei nur 2 m Gertenlänge, verwendet der Angler eine auf der Schnur frei bewegliche Gleitpose. Sie wird von einem oberhalb an der Schnur angebrachten Stopper auf der mit diesem vorgewählten Wassertiefe abgestoppt und festgehalten.

Der Anbiß der meisten Fischarten macht sich entweder durch ein Untertauchen der Pose bzw. des Schwimmers oder auch z. B. durch ein Steilnach-oben-Steigen, Auf- und Abhopsen, An-der-Wasseroberfläche-Dahinschieben oder eine ähnliche Bewegungsvariante bemerkbar. Je nach vermuteter Fischart und deren Beißeigenart wird dann entweder sofort oder auch erst nach einer unterschiedlich langen Wartezeit der Anhieb, durch ein Hochschnellenlassen der Rute gesetzt. Dann beginnt der Drill des Fisches und ... hoffentlich auch bald seine sichere Landung.

Grundangeln

Mit der Grundangel fängt man Fische in Grundnähe eines Gewässers. Es kann sich dabei um reine Friedfische handeln, wie z. B. Karpfen, oder auch um Raubfische, wie z. B. Aale, die sich entweder ständig in Grundnähe aufhalten oder zumindest während der heißen Hochsommerzeit, wenn das Oberflächenwasser zu warm wird, wie z. B. für große Hechte, oder im Winter zu kalt, wie z. B. für Döbel.

Um auch mit leichteren Grundködern mühelos größere Wurfweiten zu erreichen, bzw. sie auch bei starken Strömungen »ortstreu« unten am Grund festhalten zu können, benutzt man meist ein Grundblei, das je nach Gewässergrund und Strömungsstärke unterschiedlich geformt bzw. groß sein kann.

Hat man den Grundköder an eine verlockend aussehende Stelle ausgeworfen, spannt man die Schnur zur Rute hin leicht an und klemmt dieselbe dann in einen Rutenhalter. Dann wird meist noch ein Bißanzeiger in die von Rute und Rolle leicht abziehbare Schnur eingehängt und schließlich darauf gewartet, daß sich dieser Bißanzeiger merklich bewegt. Nach einer der jeweils vermuteten Fischart angepaßten Wartezeit wird schließlich die Schnur bis auf Spannung vorsichtig eingedreht und dann, bei noch deutlich verspürbaren Schluckbewegungen des Fisches der Anhieb gesetzt.

Treibangeln

Treibangeln ist eine Art »Posenfischen ohne Pose« oder »Grundangeln ohne Blei«. Es ist also ein Mischling zwischen den beiden oben schon erwähnten Angelarten.

Man kann diese Angelmethode nur in nicht allzu tiefen, reißenden oder großen Fließgewässern ausüben und offeriert dabei, beim »Oberflächen-Treibangeln«, hochstehenden Fischen einen reinen Schwimmköder, z. B. durch Abtreibenlassen von Schwimmbrot oder einer Raupe unter weit und flach über das Wasser hängende Äste oder Gräser. Man angelt dabei nur mit Schnur und Vorfach und fettet beide auch noch leicht mit Vaseline ein, damit sie auch ja an der Wasseroberfläche schwimmen.

Beim »Tiefen-Treibangeln«, ähnlich dem Grundangeln in stehenden Gewässern ohne Blei, wird der Köder den Fischen über den Grund dahinholpernd angeboten, und das ebenfalls ohne Bleibeschwerung. Man verwendet dazu einen selbstsinkenden Köder, wie z. B. einen Tauwurm oder eine Teigkugel.

Mangels Bleibeschwerung lassen sich bei beiden Methoden keine Weitwürfe erzielen. Man ist daher auf eine gewisse Mindestströmung angewiesen, die den Köder in Standortnähe der Fische treibt.

Die Treibangel ist also vor allem für kleinere, seitlich stark von Busch- und Graswerk überhangene Fließgewässer zu empfehlen. Eine längere Gerte wäre hier unhandlich, man bliebe mit ihr nur andauernd hängen. Die kürzere Gerte kann man dagegen durch kleinste Zweiglücken schieben, ohne durch sie irgendwie behindert zu sein.

Spinnangeln

Mit der Spinnangel befischt man entweder den reinen Raubfisch, wie z. B. Hecht und Zander oder den Gelegenheitsräuber, wie z. B. Döbel und Aland, denen dabei meist ein künstlicher Köder oder auch ein toter Köderfisch am Spinnsystem in allen Gewässerarten und Wasserschichten angeboten wird. Der Angler wirft den Spinnköder einmal, höchstens aber einige Male an den vermutlichen Standort eines Raubfisches. Dann wird der Spinnköder in dem ihm speziell angepaßten Bewegungstempo eingeholt, d. h. »geführt«. Er wird dabei so in lebensverheißende Bewegungen versetzt, daß der Raubfisch glaubt, ein natürliches Beutetierchen vor sich zu haben und sich auf dieses stürzt und zuschnappt.

Erfolgreicher »Spinnangler«.

Aussehen und Bewegungen des meist natürlichen Beutetierchen nachgebildeten künstlichen Spinnköders täuschen also dem Raubfisch ein dahinziehendes, womöglich krankes, bewegungsbehindertes und daher eine leichte Beute werdendes, lebendes Beutetierchen vor.

Packt der Raubfisch dann das vermeintliche Beutetierchen, spürt der Angler meist einen deutlichen Ruck in Rute und Schnur, der dann sofort durch ein kraftvolles Hochschnellen der Rute, den sogenannten Anhieb beantwortet wird.

Behelfs-Schleppangeln

Schleppangeln ist eine Angelart, die normalerweise mit ziemlich schwerem und robustem Gerät vom Boot aus, meist in größeren Seen und Tiefen, auf größere Raubfische, wie z. B. große Hechte ausgeübt wird. Es werden dabei entweder künstliche Spinnköder oder auch tote Köderfische am Spinnsystem benutzt. Die Köderführung wird durch das Rudertempo bestimmt.

Behelfs-Schleppangeln Diese Angelmethode dagegen wird meist nur gelegentlich, z. B. beim Angelplatzwechsel, aber ebenfalls vom Boot aus und mit der uns zur Verfügung stehenden, aber erheblich leichter und biegsamer gebauten »Universalrute« ausgeübt. Wir verwenden dazu unsere Spinnköder, die wir ohnehin schon besitzen, werfen sie hinter unserem in Fahrt befindlichen Boot weit aus und ziehen sie dann, bei über Bord gehaltener Gerte, in gemächlichem Rudertempo nach.

Um mit dem Spinnköder auch einige Meter Tiefe zu erreichen, muß er ziemlich eigenschwer sein. Das ist z. B. ein größerer Löffel aus dickerem Blech oder ein ursprünglich leichterer Köder, dem wir in etwa 1,5 m Entfernung ein Bleigewicht auf der Schnur vorschalten.

Der Anbiß eines Fisches macht sich auch hierbei durch einen meist kräftigen Ruck bemerkbar, durch ein Ausschlagen der Gertenspitze oder ein Schnarren der Rollenbremse. Anstatt eines kräftigen Anhiebs mit der verhältnismäßig dünnen Rute, bei dem sie evtl. abbrechen könnte, beschleunigen wir nur die nächsten 50–100 m unser bisheriges Rudertempo. Das genügt. Dann beginnt der eigentliche Drill mit der Gerte, den ein leicht in Fahrt gehaltenes Ruderboot noch begünstigen würde.

Behelfs-Fliegenfischen mit der Wasserkugel

Diese letzte mit dem *Universalgerät* ausübbare Angelmethode unterscheidet sich vom normalen Fliegenfischen allein schon durch das Gerät.

Auch lassen sich die Köder, die übrigens, bis auf den Streamer, die gleichen wie beim echten Fliegenfischen sind, bei weitem nicht so fein und schneeflockengleich auf die Wasseroberfläche aufsetzen. Aber das macht insoweit nichts aus, als der Angler die recht laut auf's Wasser aufplatschende Wasserkugel ohnehin zumindest 3 m stromauf eines ausgemachten oder gesichteten Fisches, eines »Ringes«, beziehungsweise eines vermuteten Fischstandortes auf's Wasser setzt. Und das mit möglichst flachem Wurf, der die Aufplumpsgeräusche erheblich dämpft. Ebenfalls lärmdämpfend wirkt

Spannender Drill beim »Behelfs-Schleppangeln«.

das »Abfedern« der auslaufenden Schnur durch leichtes Abbremsen derselben mit gestrecktem und leicht vorn an die Trommel angelegtem Zeigefinger, kurz bevor die Wasserkugel auf's Wasser auftrifft.

Die beim Universalgerät am Schnurende festgebundene Wasserkugel wird mehr oder weniger mit Wasser gefüllt und hat nun das für weitere Würfe erforderliche Wurfgewicht. Trockenfliegen, Naßfliegen und Nymphen werden jetzt entweder mit einem längeren Endvorfach einzeln, am äußeren Ende der Wasserkugel fixiert oder aber an einem oder zwei kurzen, auf der Anglerseite der Wasserkugel, in die Hauptschnur eingebundenen Seitenzweigen angebracht.

Trockenfliegen werden, wie sonst auch, leicht eingefettet. Man läßt sie auf der Wasseroberfläche abtreiben und setzt den Anhieb, wenn überhaupt noch nötig, wenn sie in einem »Ring« vom steigenden Fisch eingeschlürft werden. Naßfliegen und Nymphen bleiben hingegen ungefettet. Sie sinken in Seitenzweiglänge unter die Wasseroberfläche. Bei der Bewegung der Wasserkugel braucht meist kein Anhieb mehr gesetzt zu werden, weil die dicke Wasserkugel durch ihre große Wasserverdrängung und Schwerfälligkeit das schon längst besorgt hat.

Streamer lassen sich mit der Wasserkugel nicht befriedigend führen. Sie können aber mit der *Spinnangel-Methode* und einem etwa 40 cm vorgesetztem Blei sehr erfolgreich benutzt werden!

Zusammenstellung des »Universalgeräts«

Das Hauptgerät bleibt für alle Angelarten gleich

Rute

Aufgaben der Universalrute
Um eine auf alle damit ausübbaren Angelarten bestmöglichst abgestimmte Rute auswählen zu können, müssen wir uns erst einmal darüber klar werden, welche Aufgaben die Universalgerte bei der Ausübung der verschiedenen Angelarten zu bewältigen hat bzw. welchen Belastungen sie ausgesetzt sind.

Beim **Posenfischen** soll ein Wurfgewicht, bestehend aus Ködergewicht, Vorfachbebleiung und Posengewicht von etwa 5–20 g auf maximal 35 m Weite ausgeworfen werden können.

Beim **Grundangeln** variiert das Wurfgewicht von Köder und Grundblei von 10–30 g, das bis zu etwa 40 m weit ausgeworfen werden soll.

Beim **Treibangeln** macht das Wurfgewicht, es besteht nur aus dem unbeschwerten Köder, nur 3–10 g aus, ist also sehr gering, braucht aber auch nur einige Meter weit ausgeworfen zu werden.

Beim **Spinnangeln** soll ein Wurfgewicht, bestehend aus Köder-, Wirbel- und eventuell vorgesetztem Stahlvorfach- oder Bleigewicht von 5–20 g in Weiten bis zu etwa 40 m ausgeschleudert werden.

Beim **Behelfs-Schleppangeln** beträgt das Wurfgewicht, also Ködergewicht und evtl. vorgesetzte Bleibeschwerung, etwa 10–20 g. Es wird aber nur bei Schleppbeginn, wenn überhaupt, einige Meter weit ausgeworfen. Allerdings muß die Rute dann während des Schleppens den vom Köder ausgehenden stärkeren »Zug« ertragen, der der

Wirkung von etwa 30 g Wurfgewicht entspricht.

Und beim **Behelfs-Fliegenfischen mit der Wasserkugel** muß die Rute schließlich das Ködergewicht und das Gewicht der wassergefüllten Plastikkugel, von zusammen etwa 10–30 g bewältigen. Es soll bis auf 40 m und mehr ausgeworfen werden können.

Ansprüche an die Rutenaktion

Wird die mit der Universalrute zu bewältigende Wurfgewichtsbegrenzung auf etwa 5–30 g festgelegt, läßt sich zur »Spitzenempfindlichkeit« dieser Gerte und ihrem »Aktionsvermögen« folgendes sagen:

Um Wurfgewichte von ungefähr 5–30 g auf größte Entfernung und dies mit wenig Mühe auswerfen zu können, bedarf es einer gewissen »Federkraft« der Rute. Die Gerte muß sich also im Moment des Köderausschleuderns, unter Einwirkung des jeweiligen Wurfgewichts optimal durchbiegen, d. h. in volle »Aktion« gebracht werden.

Um 5 g Wurfgewicht etwa 30 m weit auswerfen zu können, sollte der oberste Teil der Rutenspitze »recht-biegsam« sein. Da die Universalrute aber auch Gewichte von 25–30 g ausschleudern können soll, ohne Schaden zu nehmen, muß sich der anschließende Spitzenteil beim Wurf »federnd-hart« durchbiegen, mit nach unten, dem Handteil zu, »zunehmender Gerten-Steifheit«.

Welche **Art von Aktion** die Universalgerte aufweisen soll, damit der Angler ohne übermäßige Kraftanstrengung Höchstwurfweiten erreicht, hängt außerdem auch vom jeweils verwendeten Rollentyp ab.

Da *Stationärrollen,* gleichgültig ob offen oder eingekapselt, die Schnur praktisch »aus dem Stand heraus« freigeben, also bei ihnen nicht erst eine Schnurtrommel in Rotation versetzt werden muß, sind sie stets mit einer

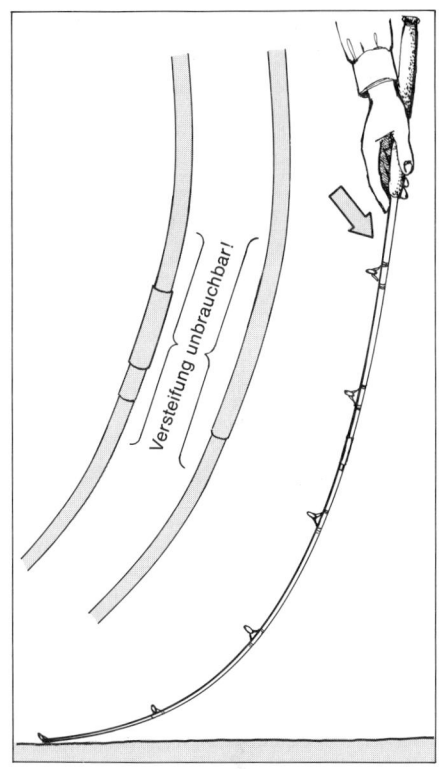

»Universalgerte« mit gemäßigter Spitzen-Aktion.

Gerte mit »schneller Aktion« zu kombinieren. Die Rute muß also ihr größtes »Schußvermögen« in einem ganz kurzen Augenblick freigeben!

Bei Gerten mit »schneller Aktion« erstreckt sich die Hauptdurchbiegung der Rute auf die obersten zwei Fünftel ihrer Länge. *Ideal als Universalrute geeignet ist daher eine Gerte die eine »gemäßigte Spitzen-Aktion« aufweist.*

Die Aktionskurve einer Gerte läßt sich übrigens – Ringe nach oben gerichtet – durch Aufsetzen ihrer Spitze auf den Boden prüfen. Der Handteil der Rute wird dabei schräg nach oben gehalten. Nun drückt der Angler die Gerte mit den Fingern kurz vor dem Griffanfang kräftig nach unten. In der sich zur Spitze immer mehr verstärkenden Durchbiegungs-Kurve darf dabei weder bei der zweiteiligen Steckrute noch bei der viel-teiligen Teleskop-Rucksackrute an der Verhülsung bzw. den Übergreifstellen eine »Versteifung« auftreten. Die Durchbiegungs-Kurve muß sich also, immer mehr verstärkend, von hinten nach vorn progressiv krümmen.

Material, Länge, Beringung, Griff und Kopflastigkeit
Als **Material** für die Universalrute kommt hauptsächlich Hohlglas in Frage. Eine Hohlglasgerte ist sehr robust, widerstandsfähig, leicht und bei weitem nicht so teuer wie eine Kohlefaserrute.

Die für unsere Zwecke am besten geeignete **Rutenlänge** liegt bei etwa 1,90 m – 2,20 m. Würde eine längere Gerte wegen ihres längeren Hebelarms die Wurfbemühungen bei einigen Angelarten auch etwas erleichtern, wäre sie doch unhandlicher und für's Entlangschleichen an unwegsamen Ufern ungeeignet.

Die **Schnurlaufringe** sollten möglichst weit sein, damit die Schnur auch reibungslos hindurchlaufen kann. Zu viele Ringe machen eine Gerte nur unnötig schwer, beeinträchtigen ihre Aktion und bremsen die schnell hindurchschießende Schnur ab.
Für die etwa 1,90–2,20 m lange Universalrute reichen, einschließlich Spitzenring, 5–6 Ringe vollkommen aus.

Korkgriffe fassen sich bei großes Hitze weitaus angenehmer an als Griffe mit Gummi- oder Lederbelag! Sie werden auch nicht gleich so rutschig, wie letztere, wenn sich einmal unbemerkt etwas Fischschleim am Griff festsetzen sollte.
Namentlich Ruten die ständig in der Hand gehalten und viel hin- und hergeschwungen werden, dürfen auf keinen Fall **kopflastig** sein, d. h. wenn man die Gerte vor der montierten Rolle mit ihrem Griff quer über den ausgestreckten Zeigefinger legt, darf sie dabei *nicht nach vorn überkippen!* Ihr nach vorn verlagertes Gewicht würde sich dann beim Hin- und Herschwingen der Rute äußerst ermüdend auf unser Handgelenk auswirken.
Montiert man eine etwas schwerere Rolle, ist dieses Manko jedoch gleich behoben.

Steck- oder Teleskop-Rucksackrute
Die altbekannten zweiteiligen Steckruten erfreuen sich auch heute noch allergrößter Beliebtheit. Sie sind nämlich sehr stabil und haben durch ihre nur eine Steckverbindung auch nur eine Gefahrenstelle für eine später etwa auftretende »Hülsenlockerung«. Die Rucksackruten haben dagegen gleich mehrere. Bei ersterer Rutenart läßt sich ein solcher Fehler natürlich schneller und leichter beheben als bei letzterer.
Eine Gefahr, der ebenfalls beide Gertenarten unterliegen, ist die der »Rutenversteifung«. Sie kann jedoch bei sonst intakten Steckruten nur an der Verhülsungsstelle, also nur an einer einzigen Stelle, auftreten. Bei der Teleskop-Rucksackrute dagegen gleich an 4–6 Stellen! Diese Versteifungen unterbrechen dann die sonst vielleicht ideale Rutenaktion und beeinträchtigen so das Weitwurfvermögen der Gerte.
Beheben läßt sich ein solches Manko jedoch meist leicht und wirksam, wenn man die Steck- bzw. Teleskoprute mit ihrer Spitze auf den Boden aufstützt, durchbiegt, ihre Teile soweit nötig gegeneinander verdreht, die Seite mit den wenigsten Versteifungen aussucht und dann die Schnurlaufringe auf diese Seite neu montiert.
Wenn die Teleskop-Rucksackrute also wirklich alle idealen, oben geschilderten Voraussetzungen mitbringt, sollte sie durchaus in die engste Wahl gezogen werden, besonders von dem Angler,

Die »gemäßigte Spitzen-Aktion« der Universalrute ist gut zu erkennen.

der öfter reist oder mit öffentlichen Verkehrsmitteln an's Gewässer fährt.

Zusammenfassend sollte unsere »Universalrute« nun so gebaut sein
Aus Hohlglas oder Kohlefaser gefertigt, etwa 1,90–2,20 m lang, mit 5–6 weiten Schnurlaufringen, Korkgriff, festem Hülsen- bzw. Übergreifstellen-Sitz sowie ohne jegliche Versteifung an diesen Stellen. Die Spitze sollte im oberen Teil »etwas weicher« und darunter »federnd-hart« ausfallen, sowie nach unten hin eine »zunehmende Steifheit« aufweisen. Die Universalgerte sollte eine »gemäßigte Spitzenaktion« und ihre Hauptdurchbiegung in den obersten 2/5 ihrer Länge haben und Wurfgewichte von 5–30 g bewältigen können.

Rolle

Rollenarten – allgemein

Die für das »Universalgerät«, besonders zum Gebrauch in sehr hindernisreichem Gelände, am besten geeignete Rolle gehört entschieden dem »Stationärrollentyp« an. Damit kann man nicht nur das Werfen innerhalb einer Viertelstunde erlernen, sondern auch in hindernisreichem Gelände, »aus dem Stand heraus« die verstecktesten Fischstandorte anwerfen. Und das ohne jegliche Perückengefahr!
Wenn man dabei die Vor- und Nachteile der »offenen« und der »eingekapselten« Stationärrolle miteinander vergleicht, neigt man eigentlich mehr dazu, zu letzterem Rollentyp zu greifen. Er ist schon einmal kleiner und leichter als ersterer,

paßt also besser zum leichten Universalgerät. Und außerdem können sich auch unbeabsichtigt lösende Schnurklänge nicht so leicht wie bei ersterem in unwegsamem Gelände verhängen.

»Offene« Stationärrolle
Da die besprochene »Universalgerte« der leichteren Geräteklasse zuzuordnen ist, sollte sie der Urlaubsangler auch nur mit einer leichteren Stationärrolle, so etwa um die 300 g Rollengewicht, bestücken.
Die Stationärrolle sollte mit einem weich und möglichst lautlos arbeitenden Getriebe ausgestattet sein, mit einer leicht erreichbaren Rücklaufsperre und besonders »weich arbeitenden«

»Offene« Stationärrolle mit optimal gefüllter Schnurtrommel.

Bremsvorrichtung, einer griffigen Kurbel, leichten Austauschmöglichkeit der Wechselspulen und einem großen Schnurfassungsvermögen der Trommeln.
Unbedingt wichtig ist die besonders »weich arbeitende« Bremsvorrichtung. Hakt oder ruckt sie während des Drills eines Fisches, können verhältnismäßig dünne Schnüre, noch dazu wenn sie schon älter sind, bei einer plötzlichen Gewaltflucht des Fisches sehr leicht entzweireißen.
Das große Schnurfassungsvermögen der Trommel einer Stationärrolle nützt uns natürlich nur dann etwas, wenn wir die Trommel auch immer bis knapp unter ihren vorderen Rand mit Schnur gefüllt haben. Nur dann läßt sich mit der Rolle mühelos am weitesten werfen und nur dann steht uns auch eine größere Schnurlänge zur Verfügung, um auch einen unerwartet großen Fisch sicher ausdrillen zu können!
Daß die leichteren und kleineren Stationärrollen mit einem »drehbaren Schnurlaufröllchen« versehen sind, ist kaum zu erwarten. Wenn sie aber dennoch über ein solches verfügen sollten, wird unsere Schnur besonders geschützt, bleibt länger verwendbar und ist auch höher beanspruchbar.
Was wir uns unbedingt anschaffen müssen, gleichgültig ob wir eine schon vorhandene Rolle benutzen oder eine neue kaufen, sind zwei Ersatzspulen! Mit ihrer Hilfe ist die Schnurstärke den Gegebenheiten und unterschiedlichen Angelmethoden besser anpaßbar und sie sind blitzschnell gegeneinander auszuwechseln. Außerdem steht uns jederzeit eine Ersatzschnur zur Verfügung, wenn die vorher gebrauchte einmal abreißen sollte. Auf die eine Ersatzspule kommt eine 0,25 mm Schnur, auf die andere eine 0,30 mm Schnur und auf die dritte schließlich eine 0,35 mm Schnur. So sind wir für alle Fangmethoden und Fangchancen bestens gerüstet.

»Eingekapselte« Stationärrolle des Rundschlitz-Typs
Für die Kombination mit der »Universalrute« bestens geeignet, sollte auch ihr Gewicht die 300 g-Grenze kaum überschreiten. Wie auch die »offene« Stationärrolle sollte sie mit einer

»weich arbeitenden« Bremsvorrichtung, leicht erreichbaren Bedienungshebeln, leichter Austauschmöglichkeit der Ersatzspulen und einem großen Schnurfassungsvermögen ausgestattet sein.
Der Vorteil der »besonders weich arbeitenden« Bremsvorrichtung und der des großen Schnurfassungsvermögens der Trommel wurden schon bei der Besprechung der offenen Stationärrolle hervorgehoben. Für die eingekapselte Stationärrolle gilt das gleiche. Ebenso, was den Vorteil der beiden zusätzlichen Ersatzspulen und die damit zur Verfügung stehenden drei unterschiedlichen Schnurstärken von 0,25 mm, 0,30 mm und 0,35 mm betrifft.

»Eingekapselte« Stationärrolle des Rundschlitz-Typs.

Als großer Vorteil der eingekapselten Stationärrolle ist die »Umkapselung ihrer Schnurtrommel« zu werten, die wirkungsvoll verhindert, daß wind- oder spannungs-lockere bzw. kältestarre Schnurklänge vorne von der Trommel herab- und auf den Boden fallen sowie sich dort verhängen können. Eine Tatsache, die der Angler namentlich in hindernisreichem sowie hoch-grasigem Gelände, aber auch zur Nachtzeit oder während klirrender Kälte sehr zu schätzen weiß!

Außerdem werden beim Wurf die auf Grund der Zentrifugalkraft auseinanderdrängenden Schnurklänge durch das Gehäuse in eine ziemlich enge Bahn zusammengedrängt. Der Schnureintritt in die unteren Schnurlaufringe verläuft also mit erheblich verringerter Reibung, was besonders bei enger beringten Ruten erhöhte Wurfweiten ermöglicht.

Welchen Rollentyp sollte der Urlaubsangler wählen?
Die »offene« oder die »eingekapselte« Stationärrolle? Das ist Geschmackssache und hängt zudem vom Geldbeutel ab. Letzterer Rollentyp ist meist erheblich teurer. Hat der Angler aber eine passende Rolle ohnehin schon zu Hause, dann ist die Wahl ja sowieso schon getroffen.

Schnur

Monofilschnüre – allgemein
Zur Ausübung der mit dem »Universalgerät« praktizierbaren Angelmethoden kommen ausschließlich Monofilschnüre in Frage. Sie müssen bei geringsten Wurfgewichten noch große Wurfentfernungen zulassen. Sie sollten weich, geschmeidig und oberflächen-glatt sein. So verursachen sie beim Verlassen der Schnurtrommel und Durch-die-Ringe-Gleiten die geringstmögliche Reibung. Des weiteren werden hohe Tragkraft bei geringem Durchmesser, eine hohe Naßknoten- und Anhiebsfestigkeit ebenso vorausgesetzt wie vor allem eine äußerst geringe Dehnbarkeit. Nur dann nämlich bieten die Schnüre hinreichend Gewähr dafür, daß sich der Anhieb auch über eine größere Schnurlänge wirkungsvoll auf die Hakenspitze überträgt!
Ein großes Plus für den Angler sind Schnüre mit Fluorescenzzusatz. Während sie unter Wasser für den Fisch weit

weniger sichtbar sind als herkömmliche Schnüre, sind sie über Wasser für den Angler weitaus besser und markanter zu erkennen. Er sieht deutlich, wo sich die Schnur gerade befindet, kann also Hindernissen leichter ausweichen und vor allem während des Wurfes noch Zielkorrekturen vornehmen.

Nicht alle auf dem Markt befindlichen Monofilschnüre weisen oben zitierte Eigenschaften auf. Die besten Schnüre müssen eben durch Katalogvergleich oder vergleichende Versuche herausgefunden werden.

Der Durchmesser der Schnur muß harmonisch auf die wahrscheinlich zu erwartenden Fischgrößen, die Steifheit der Rute, den Rollentyp, vor allem aber auf das Wurfgewicht und die Schwere und Größe des Spinnköders bzw. etwaigen Zusatzgerätes abgestimmt werden. Auch die Hindernisfreiheit eines Gewässers spielt eine wichtige Rolle.

Eine steifere Gerte und ein größerer sowie schwerer Köder verlangen z. B. nach einer stärkeren Schnur, eine weichere Rute mit kleinerem Köder nach einer dünneren. Überdies sollte nur mit Schnüren gefischt werden, die im Verhältnis zum Durchmesser höchste Tragkraft haben, auch wenn das Fabrikat um einiges teurer sein sollte als ein anderes. Wiederum ist ein Katalogvergleich nützlich. Übrigens aufpassen, es gibt Schnüre gleichen Durchmessers, aber unterschiedlicher Tragkraft und dies auch noch vom gleichen Fabrikanten!

Schnurverwendungsempfehlung für mit dem »Universalgerät« ausübbaren unterschiedlichen Angelmethoden

Posenfischen auf kleinere bis größere Fried- und Raubfische, Schnurdurchmesser 0,25 mm und 0,30 mm, für die Raubfischbeangelung mit totem Köderfisch 0,35 mm.

Grundangeln auf kleinere bis größere Fried- und Raubfische, Schnurdurchmesser 0,30 mm und 0,35 mm, für die Raubfischbeangelung, z. B. von Aalen, nur letztere Schnurstärke.

Treibangeln auf kleinere bis größere Fried- und Raubfische, Schnurdurchmesser 0,25 mm und 0,30 mm, für grundnahes Angeln 0,35 mm.

Spinnangeln auf kleinere Raubfische und Gelegenheitsräuber, Schnurdurchmesser 0,25 mm, für größere Raubfische 0,30 mm und 0,35 mm.

Behelfs-Schleppangeln auf mittlere bis größere Raubfische, Schnurdurchmesser 0,35 mm, besonders dehnungsarme Schnur.

Behelfs-Fliegenfischen mit der Wasserkugel auf kleinere bis mittelgroße Fried- und Raubfische bzw. Gelegenheitsräuber, Schnurdurchmesser 0,30 mm.

Was noch zu beachten ist

Größte Wurfweiten lassen sich sowohl mit der offenen als auch der eingekapselten Stationärrolle nur erreichen, wenn die Schnurtrommel bis knapp unter ihren vorderen Rand, also etwa 2 mm darunter, mit straff aufgewickelter Schnur gefüllt ist! Bei Verlust größerer Schnurmengen, d. h. über 10 m, muß die Trommel schnellstens wieder auf ihr vormaliges Füllungs-Soll aufgestockt werden.

Ist die Schnurlänge einer ganz bestimmten Schnurstärke, die auf Trommel aufgewickelt werden muß, um sie bis dicht unter ihren vorderen Rand mit Schnur zu füllen, aus der Gebrauchsanweisung zur Rolle, dem Katalog oder einer Rollenaufschrift nicht zu entnehmen, ist es angebracht, wie folgt zu verfahren:

Entweder spult der Angler gleich eine durchgehende 200 m-Länge auf die

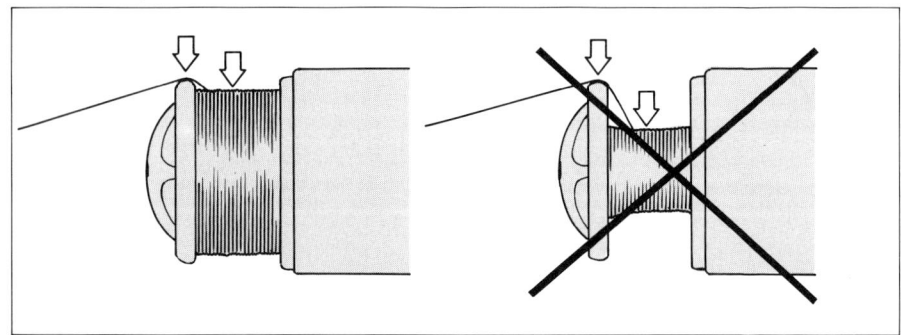

Richtige Trommelfüllung bei der Stationärrolle.

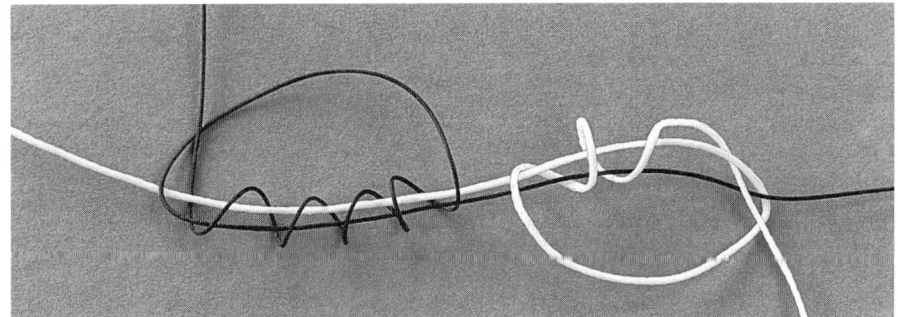

Idealer »Schnurverbindungs-Knoten«. Zur Fertigung Schnurenden auf 20 cm Länge nebeneinander- und in der Mitte fest zusammenhalten. Mit dem rechten Schnurende eine große Schlinge nach rechts und unten machen. Dann Schnur nach oben zurückführen und 3–5 Mal um den eigenen und den anderen Schnurteil herumwickeln. Knoten fest zusammenziehen, umdrehen und andere Schlinge genauso fertigen. Dann beide Knotenhälften zu einem Knoten fest zusammenziehen und Schnurenden eng abschneiden. Mit der dünneren Schnur immer eine Herumwindung mehr machen.

Mit der einen Hälfte dieses Knotens können auch alle anderen Kleingegenstände, selbst Haken, angebunden werden.

Schnurtrommel. Sie wird diese meist bis obenhin füllen. Den überschüssigen Schnurrest schneidet man ab.

Füllt die Schnur dagegen die Trommel nicht bis obenhin, dann wird eine alte, nicht mehr gebrauchte, aber noch gute und evtl. auch etwas dickere Angelschnur unter die neue gewickelt.

Ebenso wird verfahren, will der Angler von vornherein nur eine Länge von 100 m aufspulen. Auch in diesem Fall wickelt er eine alte Schnur unter die neue, bis diese das Füllungssoll erreicht hat.

Das einfachste Verfahren hierzu: Zuerst die neue Schnur auf die Trommel spulen, dann so viel von der alten Schnur darüber, bis die Trommel richtig gefüllt ist. Nun spulen wir die alte Schnur auf eine leere andere Angelrolle und rollen dann auch die Neuschnur irgendwo auf. Anschließend wird erst die alte Schnur auf unsere Trommel aufgewickelt, dann mit der neuen

Schnur verknotet und nun diese darübergespult. Sie wird jetzt die Schnurtrommel bis zur idealen Schnurfüllungshöhe, d. h. knapp unter den vorderen Trommelrand anfüllen!

Nur das jeweilige Zusatzgerät ändert sich

Posenfischen

Posen und Gleitposen bzw. Gleitschwimmer

Als Posen und Gleitposen bzw. Gleitschwimmer werden die meist bunt gefärbten, schlanken Schwimmkörper bezeichnet, die oberhalb des Vorfachs an der Hauptschnur befestigt werden und die den Köder auf einer vorgewählten Tiefe halten.

Beim »leichten« Posenfischen, Hauptschnurdurchmesser 0,25 mm, werden kleinere bis etwas größere Fische beangelt, z. B. Rotaugen, Döbel und Nasen. Man bedient sich hierzu kleinerer und leichterer Köder und damit auch kleinerer und schlankerer Posen. In Wassertiefen kleiner als die Gertenlänge verwendet man festsitzende Posen, im stärker fließenden Wasser eine Pose ohne Antenne und im ganz langsam fließenden oder stehenden Wasser die Antennenpose.

Werden dagegen beim »mittelschweren« Posenfischen, Hauptschnurdurchmesser 0,30 mm, mittelgroße bis größere Fische, mit größeren und gewichtigeren Ködern beangelt oder wird zum Erreichen großer Wurfweiten mit erhöhten Wurfgewichten gefischt und dies auch noch in größerer Tiefe als die Gerte lang ist, dann werden fülligere Gleitposen mit etwas größerer Tragkraft, auch als Gleitschwimmer bezeichnet, verwendet. Durch einen oberhalb an der Hauptschnur montierten »Stopper« werden sie auf der vorgewählten Wassertiefe festgehalten.

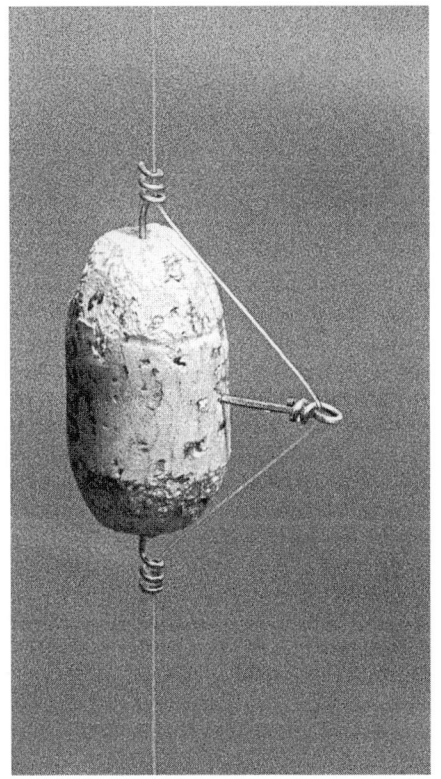

Von außen her schnell an die Schnur anklemmbarer »Tiefenloter«. Die aus Büroklammern gedrehten Drahtspiralen werden in den abgerundeten Kork fest eingeklebt.

Feingliedrige und nicht allzu große Antennenposen sind am besten geschützt, werden jeweils einige von ihnen in dem langen und schmalen Kunststoffbehälter untergebracht, in dem es üblicherweise Zahnbürsten zu kaufen gibt.

Kunststoffposen, deren ins Wasser eintauchender Unterteil klar und durchsichtig ist, werden von den Fischen bei allen Wetterverhältnissen kaum bemerkt. Damit der Angler die Pose aber auch auf größere Entfernung und noch dazu bei windgekräuseltem Wasser besser sehen kann, sollte die Färbung des Posenoberteils, der Antenne und Antennenkugel, bei hellem und sonnigem Wetter sowie bei hellem Wasserhintergrund dunkler und bei trübem und dunklem Wetter sowie dunklem Wasserhintergrund hell grell-farben sein.

Stopper
Als »Stopper« bezeichnen wir eine auf der Angelschnur angebrachte kleine »Verdickung«, die aus den verschiedensten Materialien gefertigt sein kann und dazu dient, die Gleitpose auf einer vorgewählten Tiefeneinstellung festzuhalten.

Der Stopper muß dabei vor allem so klein sein, daß er sich beim Wurf nicht hinter lockeren Schnurklängen auf der Schnurtrommel bzw. später in den Schnurlaufringen der Gerte verhängt, aber doch so groß, um die Gleitpose auch sicher auf der Schnur festhalten zu können. Er darf auch nur aus weichem Material gefertigt sein, damit er beim Verschieben auf der Schnur diese nicht verletzen kann.

Am idealsten erfüllt all diese Voraussetzungen der auf kleinstem Raum mitzuführende sowie leicht, schnell und mühelos anzubringende *Wollfaden-Stopper*. Zu seiner Herstellung wird nur ein kleines, etwa 7 cm langes Stückchen doppelsträhniges Nylon-Stopfgarn verwendet, das an der gewünschten Stelle über der Angelschnur fest zusammengezogen und zwei- bis dreimal fest verknotet wird. Fadenenden eng abschneiden. Fertig.

Vorfächer
Vorfächer müssen stets etwas dünner als die Hauptschnur sein. Und das nicht nur, um sie für den Fisch etwas weniger sichtig als die Hauptschnur zu halten, sondern vor allem deshalb, damit sie bei einem Hänger zuerst reißen und nicht vielleicht auch noch eine größere Länge Schnur verloren geht.

Der Durchmesserunterschied sollte etwa 0,05 mm betragen. Ist also die Angelschnur 0,25 bzw. 0,30 mm stark, paßt dazu ein Vorfach von 0,20 bzw. 0,25 mm Dicke.

Bei flacherem und besonders klarem Wasser, im Herbst und im Winter, sowie bei ungewöhnlich argwöhnischen Fischen, wie z. B. Nasen, verwendet der Angler meist etwas dünnere und bei tiefem und trüberem Wasser, also vor allem im Frühjahr und Sommer, sowie bei weniger scheuen Fischen, wie z. B. Rotfedern, etwas dickere Vorfächer.

Die Vorfachlänge differiert zwischen 30–50 cm. Wenn man nicht schon fertige, mit Haken bestückte Vorfächer kauft, wird das Vorfach mit den bekannten Anglerknoten mit Schlaufe und Haken versehen. Aufgerauhte, beschädigte oder verkringelte Vorfächer sind sofort durch neue zu ersetzen.

Wird mit der Hauptschnurstärke von 0,35 mm und mit »am Rücken befestigten« toten Köderfisch auf größere Raubfische, z. B. größere Hechte, geangelt, sollte dafür ein etwa 30 cm langes kunststoffüberzogenes Stahlvorfach, Tragkraft etwa 4–6 kg, benutzt werden. Es kann vom vielbezahnten Hecht bei seinen Befreiungsversuchen nicht durchgebissen werden.

Haken
Für das oben erwähnte verhältnismäßig dünne Vorfachmaterial sind für Friedfische einfache, dünndrähtige Rundstahl-Haken mit langem Schenkel und Spitzbogen zu empfehlen. Hakenschenkel, -bogen und -spitze sollten in einer Ebene liegen, also nicht verschränkt sein, damit der Anhieb auch sicher durchdringt!

Wer nur auf Raubfische angeln will, kann das Hakenmaterial auch etwas dicker nehmen.

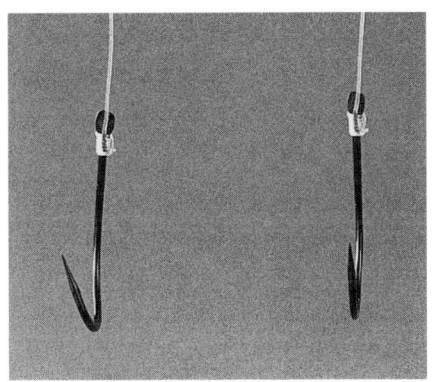

»Spitzen-verschränkte« Haken, s. links, sind nicht so anhiebs-freundlich wie unverschränkte, s. rechts.

Für helle Köder, wie z. B. Maden oder Teigköder, benutzt man helle Goldhaken und für dunkle Köder, wie z. B. Tauwürmer, dunkel-farbige Haken. An einem dunkel-farbenen Tauwurm würde ein hell aufblitzender Goldhaken die Fische sofort warnen.
Sofern man sich die Angelhaken nicht schon »fertig gebunden« kauft, knüpft man sie mit den üblichen Anglerknoten selbst an die entsprechend dicken und langen Vorfächer.
Die Spitze der Angelhaken muß nicht nur jedesmal sorgfältigst mit einer »feinkörnigen« kleinen Flachfeile oder einer Diamant-Fingelnagelfeile nachgeschliffen werden, wenn man mit dem Haken gerade irgendwo hängen geblieben ist oder einen Fisch verloren hat, sondern vor allem auch, wenn man einen fabrikneuen Haken montiert! Es gibt nämlich nur ganz wenige Hakenfabrikate, die man gleich, d. h. ohne spezielles Nachschleifen benutzen kann. Also, das Haken-Nachschleifen ja nicht vergessen!
Soweit die Verwendung von Zwillingen und Drillingen nicht ohnehin schon verboten ist, sollte man auf ihren Gebrauch verzichten. Untermaßige oder in der Schonzeit gehakte Fische lassen sich dann schneller und für den Fisch schonender vom Haken lösen!
Zur monofilen Vorfachstärke von 0,20 mm passen Einfachhaken, meist Goldhäkchen, der Größe 10–12, zu der von 0,25 mm solche der Größe 7–9 und zu der von 0,30 mm solche der Größe 5–8. An das kunststoffüberzogene feine Stahlvorfach, Tragkraft 4–6 kg, knüpfen wir starkdrähtige, dunkelfarbene Einfachhaken der Größe 2–4.

Bleischrot
Beim Posenfischen *auf Friedfische* werden zur Beschwerung des Vorfachs Bleischrote unterschiedlichster Größen verwendet. Das Vorfach wird damit so beschwert, daß die Pose im Wasser »steht«, aber nicht untersinkt. Nur dann zeigt sie auch den vorsichtigsten Biß an.
Bei einer Antennenpose sollte möglichst nur noch die oberste Kuppe des Posenkörpers und die Antenne, vielleicht sogar nur diese selbst oder lediglich ihr oberster Teil aus dem Wasser ragen. Bei Verwendung verschieden großer Bleischrote klemmt der Angler die größeren zur Vorfachschlaufe hin an das Vorfach und die kleinsten zum Haken hin an.
Wichtig ist auch der richtige Abstand des untersten Bleischrotes zum Haken hin. Ist mit Langsam-Beißern und Herumspielern zu rechnen, wie z. B. Karpfen oder soll der Köder direkt über den Grund dahinschleifen, so empfiehlt sich ein unterster Blei-Haken-Abstand von etwa 20 cm. Der Fisch kann dann mit dem Köder herumspielen, ohne daß er das Blei sofort spürt.
Handelt es sich aber um argwöhnische Fische, die zugleich Schnell-Beißer sind, wie z. B. die Nase, die blitzschnell angehauen werden muß, oder um Fische, die den Köder beim Anbiß anhe-

ben, wie z. B. die Brachse, dann muß das unterste Bleischrot etwa 6-8 cm vom Haken entfernt ans Vorfach geklemmt werden. Andernfalls würde der Anbiß nur selten und dann meist auch nur verspätet wahrgenommen.
Beim Posenfischen *auf Raubfische* wird das Blei anders verteilt als beim Friedfischangeln. Damit der »tote Köderfisch«, bei Rücken-Montage, von Strömung und Wellengang auch ein wenig hin- und herbewegt werden kann, wird nur etwa 1/5 der Gesamtbeschwerung, mit einem dickeren Bleischrot am unteren Ende des oberen Vorfachdrittels angeklemmt. Die eigentliche Hauptbeschwerung aber, also die restlichen 4/5 derselben, wird mittels einer durchlöcherten Bleikugel vor dem Einhängewirbel auf das Ende der Hauptschnur geschoben.

Einhängewirbel
Eines kleinen, feindrähtigen, aber dennoch kräftigen Einhängewirbels bedient sich der Angler beim Posenfischen auf Raubfische dann, wenn er mit einem Stahlvorfach z. B. auf größere Hechte fischt. Auch wenn bei speziellen Ködermontagen das hakenbewehrte Vorfach mit Hilfe einer Ködernadel erst durch den Körper des toten Köderfischchens durchgezogen werden muß, ist die Anbringung eines Einhängewirbels sehr nützlich.

Grundangeln

Grundbleie
Grundbleie haben sehr unterschiedliche Formen und Gewichte. Sie müssen den jeweiligen Gewässergegebenheiten angepaßt sein, also z. B. dem Gewässerboden und den vorherrschenden Strömungsverhältnissen.
Die »rollende Kugel« z. B. ist nur so schwer, daß sie den Köder in leichterer Strömung gerade noch am Boden hält.

Durch geringes zwischenzeitliches Zupfen an der Schnur bewegt, wird das Blei dann *von der Strömung über den fein-kiesigen Boden* mitgenommen, also weitergerollt. Durchmesser der Loch-Bleikugel, bei mäßiger Strömung 5-8 mm, bei kräftigerer 8-10 mm.
Soll dagegen der Köder an dem für ihn ausgesuchten Platz liegen bleiben, z. B. im *stehenden oder nur ganz langsam durchströmten Gewässer mit weicherem oder schlammigem Grund,* greift man entweder zur ganz leichten Bleikugel, zum spindel-förmigen Olivblei oder zur »Bleikette«, das heißt mehreren an einem kurzen Seitenzweig, mit 1-2 cm Abstand, angeklemmten größeren Bleischroten beziehungsweise zu einem etwa 5-10 cm langen Stück einer Vorhang-Bleischnur.
Grober Geröllboden mit starker Strömung erfordert eine ziemlich große Bleikugel, mit oft über 10 mm Durchmesser, die dort seltener hängen bleibt als ein kantiges Flachblei.
Soll der Köder aber speziell für große Barben *in starken Strömungen und dann auch noch auf feinem Kies* angeboten werden, nimmt man ein kantiges Flachblei, das zwar von der Strömung in den Boden hineingedrückt wird, sich aber dennoch immer wieder leicht lösen läßt.
Für die »leichte« Grundangelei dürften die Gewichte der Grundbleie bei etwa 5-10 g und für die »mittelschwere« bei etwa 15-30 g liegen.
Neben der Möglichkeit, die Hauptschnur *direkt durch die Längsachse des Bleikörpers* laufen zu lassen, was wegen des bei Schnurabknickung evtl. erschwerten Schnurdurchlaufs nicht so empfehlenswert ist, gibt es auch noch den sogenannten *Ösendurchlauf* bzw. den *beschwerten Seitenzweig.*
Beim *Ösendurchlauf* wird das jeweilige Blei auf seiner einen Seite mit einer Drahtöse versehen, durch die dann die Schnur läuft. Durch geschicktes Ma-

növrieren kommt dabei die Drahtöse immer nach oben zu liegen und ermöglicht so den ungehinderten und leichten Schnurdurchlauf.
Diesen Vorteil bietet auch der *beschwerte Seitenzweig*. An seinem einen Ende ist ein winziger Springring befestigt, durch den die Hauptschnur läuft, während an seinem anderen Ende das jeweilige Grundblei fixiert wird. Der Seitenzweig, etwas dünner als die Hauptschnur ist etwa 4–10 cm lang.
Die Seitenzweig-Montage bewährt sich vor allem dort, wo das Grundblei bis zu mehreren Zentimetern tief in weichen Boden einsinken kann. Könnte hier die Schnur nicht ohne größeren Reibungswiderstand durch die Öse laufen, würde der Fisch sofort gewarnt und den Köder wahrscheinlich gleich wieder ausspucken!

Einhängewirbel
Der Einhängewirbel darf beim Grundangeln nicht fehlen. Er dient zunächst einmal, meist mit vorgesetzter Perle, als »Stopper« für eine direkt auf die Hauptschnur aufgeschobene Bleibeschwerung, das Blei mit Ösendurchlauf oder das Blei am Seitenzweig.
Des weiteren erleichtert und beschleunigt der Einhängewirbel das Ein- und Aushängen der Vorfächer, wenn der Köder nur mit Hilfe einer Ködernadel auf's Vorfach aufgezogen werden kann.
Notwendig wird die Verwendung des Einhängewirbels aber auch, wenn ansonsten ein strömungsfängiger Köder die Schnur zu »verdrallen« droht.

Vorfächer
Beim Grundangeln werden fast ausschließlich Monofilvorfächer und nur zur Hecht-Befischung kunststoffüberzogene Stahlvorfächer benutzt. Diese sind dann etwa 40 cm lang und haben eine Tragkraft von 4–6 kg.

Die für die »leichtere« Grundangelei zu verwendenden Hauptschnüre eines Durchmessers von 0,30 mm und 0,35 mm wären dann mit Monofilvorfächern eines Durchmessers von 0,25 mm und 0,30 mm zu kombinieren.

Dünnere Vorfächer als solche von 0,25 mm Stärke sollte man zum Grundangeln nicht verwenden, da die Verhängungsgefahren in Grundnähe doch ziemlich groß sind. Zum nächtlichen Aalfischen benutzt man entweder 0,30 mm starke Vorfächer oder knüpft den Haken direkt an die 0,35 mm Schnur an. Die Vorfächer sollten etwa 30–60 cm lang sein. Aufgerauhte, aufgespleißte oder verkringelte Vorfächer sind sofort auszumerzen!

Haken
Es werden nur Einfachhaken verwendet. Sie können ruhig etwas dickdrähtiger sein. Der langschenklige Spitzbogen-Haken dominiert auch hier vor dem kurzschenkligen und spitzen-verschränkten. Für helle Köder Goldhaken und für dunkelfarbene Köder ebensolche Haken verwenden.
Zu einem Vorfach der Stärke von 0,25 mm passen die Hakengrößen 7–9,

Bei »gerader« oder »nach innen geneigter« Öse setzt sich der Anhieb sicherer durch, als bei »nach hinten geneigtem Öhr.

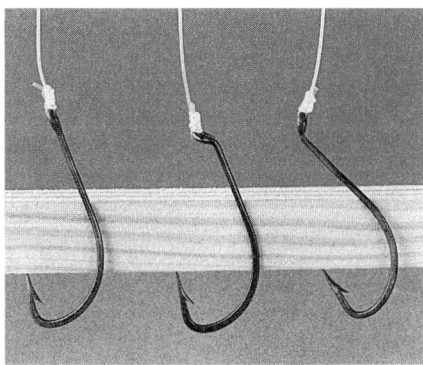

zu einem solchen von 0,30 mm die der Größe 5–8 und zu einem solchen von 0,35 mm – Direkt-Hakenanbinden an die Schnur – die der Größe 3–5.

Übrigens »schlitzt« ein Haken aus kantigem Material bei starkem Zug viel leichter aus einem weich-knorpeligen Maul aus, als ein solcher aus Rundstahl!

Treibangeln

Einhängewirbel oder nicht

Beim *Oberflächen-Treibangeln* werden Schnur und Vorfach ohne Einhängewirbel verbunden und zudem auch noch leicht eingefettet, damit sie auch ja nicht unter Wasser sinken. Bei dieser Angelmethode muß also das Dazwischenschalten jeglicher Metallteile unterbleiben.

Anders ist es beim *bodennahen Treibangeln,* bei dem Sinkköder ohne Bleibeschwerung bis zum Boden absinken und dann über diesen dahinholpernd abtreiben sollen.

Hier kann das Dazwischenschalten eines winzigen Einhängewirbels das bodennahe Abtreiben des Sinkköders nicht beeinträchtigen. Er erleichtert vielmehr die Montage des Vorfachs am Anfang und jedesmal dann, wenn dasselbe zur Ködernadel-Montage zwischenzeitlich abgenommen werden muß. Zugleich verhindert er auch noch, daß strömungsfähige Köder die Schnur »verdrallen« können.

Vorfächer

Daß die Vorfächer stets etwa 0,05 mm dünner als die Hauptschnur sein sollen, also z. B. für eine Schnur des Durchmessers von 0,25 mm ein Vorfach des Durchmessers von 0,20 mm montiert werden sollte, wurde schon weiter oben erwähnt.

Zum Einfetten von Schnur und Vorfach beim »Oberflächen-Treibangeln« verwendet man am besten die in allen Drogerien und Apotheken billig erhältliche farblose Vaseline.

Haken

Da beim *Oberflächen-Treibangeln* die Schwimmfreudigkeit des Köders das Gewicht des in ihm verborgenen Hakens tragen muß, sollte dieser so leicht wie nur irgend möglich sein. Es werden deshalb hierbei nur dünndrähtige, eventuell sogar kurzschenkelige Ein-

Kapitale Barben fallen besonders auf die »bodennahe Treibangel« herein.

fachhäkchen benutzt. Eine Vorfachstärke von 0,20 mm verlangt nach der Hakengröße 10–12 und eine solche von 0,25 mm nach der Größe 7–9.
Beim *bodennahen Treibangeln* wird ja kein spezielles Grundblei, sondern höchstens ein Einhängewirbel verwendet, so daß man das eigentliche Sinkgewicht des Köders nur durch das Mehrgewicht eines dickdrähtigeren Hakens vergrößern kann.

Spinnangeln

Einhängewirbel

Für die fachgerechte Ausübung der Spinnangelei ist ein gut arbeitender und leicht rotierender Einhängewirbel am Ende der Angelschnur unentbehrlich! Ganz abgesehen davon, daß er dem Angler das schnelle und mühelose Auswechseln unterschiedlicher Spinnköder ermöglicht, unterbindet er auch jegliche »Schnurverdrallungen«, sei es, daß diese durch stark rotierende Köder, wie z. B. Spinner hervorgerufen werden, durch einen sich während des Drills häufig drehenden Fisch oder auch durch hängen gebliebenes Treibgut, das beim Einholen in der Strömung stark rotiert.
Wird an der Spinnschnur kein leicht rotierender Einhängewirbel angebracht, dreht sich die Schnur schon nach kurzer Zeit und beim geringsten Nachlassen der Schnurspannung zu zahlreichen »Würstchen« zusammen und die Schnurklänge fallen sofort vorne von der Schnurtrommel herunter. Diese Gefahr wächst, je geringer die Außentemperaturen sind, also in der kalten Jahreszeit.
Einhängewirbel sollten der jeweils gerade montierten Schnurstärke größenmäßig einigermaßen angepaßt sein. Für die Schnurstärke von 0,25 mm ist ein feindrähtiger und möglichst kleiner Einhängewirbel von 13–16 mm Länge und für eine solche von 0,30 mm und 0,35 mm ein solcher von 16–20 mm angebracht.

Vorfächer

Da man ja mit dem »leichten« Spinngerät kaum auf Hechte fischt, sondern vor allem auf Salmoniden, Zander, Barsche, Rapfen, Döbel und Alande, deren Zähne der Angelschnur kaum gefährlich werden können, erübrigt sich bei dieser Geräteklasse die Vorschaltung eines Stahlvorfachs.
Anders jedoch, wenn bei der »leichteren« bis »mittelschweren« Geräteklasse öfter mit einem Hecht zu rechnen ist. Dann sollte am Ende der Angelschnur auf jeden Fall ein kürzeres, etwa 15–20 cm langes, kunststoffüberzogenes Stahlvorfach, von 3,5–6 kg Tragkraft vorgeschaltet werden! Auf seiner einen Seite wird eine kleine Einhängeschlaufe und auf seiner anderen ein weiterer kleiner Einhängwirbel angebracht.

Bebleiung

Normalerweise befähigen die heute zur Verfügung stehenden Ruten, Rollen, dünnen Schnüre sowie oft ziemlich eigengewichtigen Köder den Angler, auch ohne spezielle Bebleiung auf große Entfernungen zu werfen. Doch davon gibt es zwei Ausnahmen.
Erstens, wenn besonders dünn-blechige Metallspinnköder, meist Langlöffel, oder nur schlecht und langsam absinkende Oberflächen-Wobbler montiert und dann ziemlich tief und dazu noch in starker Strömung angeboten werden sollen.
Zweitens, wenn am Spinngerät eigentlich nur für die Fliegenrute konstruierte und bestimmte und daher auch fast gewichtslose »Streamer« offeriert werden sollen.
Nur in diesen beiden Fällen wird als Bleibeschwerung eine kleinere Lochbleikugel, Durchmesser 6–9 mm, montiert, die zum schnellen und mühelosen

Einklinken mit einem eigenen kleinen Einhänger versehen ist und bei Bedarf in die vordere Öse des Einhängewirbels der Hauptschnur eingeklinkt werden kann.

Bei der zweiten, allerdings erheblich umständlicheren Montageart kann die Lochbleikugel auch vor dem Anknoten des Einhängewirbels auf die Hauptschnur geschoben werden. Braucht man sie dort aber nicht mehr, muß der Wirbel erst wieder neu angeknotet werden. Und diese lästige Arbeit können wir uns bei der ersten Montageart ersparen!

»Streamer« befestigt man übrigens an einem etwa 40 cm langen, mit Einhängeschlinge versehenen Vorfach, das bei Bedarf einfach nur in den Einhängewirbel eingeklinkt wird.

Behelfs-Schleppangeln

Einhängewirbel und Stahlvorfächer

Diesbezüglich darf auf die schon beim *Spinnangeln* gemachten Ausführungen verwiesen werden. Da das Behelfs-Schleppangeln in diesem Fall nur mit der Schnurstärke von 0,35 mm ausgeübt wird, bleibt es bei der zu dieser Schnurstärke passenden Wirbellänge von 16–20 mm und Stahlvorfach-Tragkraft von 5–6 kg.

Allerdings ist das zum Behelfs-Schleppangeln benutzte Stahlvorfach mit 15–20 cm Länge etwas zu kurz. Es sollte 20–30 cm lang sein, da beim Schleppangeln meist größere, ja manchmal sogar kapitale Raubfische zu erwarten sind, die ein kürzeres Stahlvorfach völlig oder zumindest fast völlig in ihrem riesigen Rachen verschwinden lassen.

Ist mit kapitalen Hechten zu rechnen, muß man auf jeden Fall ein Stahlvorfach verwenden.

Schnurarm und Bebleiung

Wer mit der unveränderten Normalzusammenstellung des Spinngerätes, mit einem schwereren, aber noch der Stärke des Universalgerätes angepaßten Köder schleppt, kann bei 70–90 m ausgelassener Schnur etwa 7 m Tiefe erreichen. Wer aber den Köder tiefer als 7 m, womöglich 10–12 m tief anbieten will, um große Raubfische zu erbeuten, muß dem Köder unbedingt eine Bleibeschwerung vorsetzen.

Direkt in Stahlvorfachlänge vor dem Köder würde die Beschwerung aber gewaltig stören, sie muß also in größerer Entfernung vor dem Köder montiert werden. Und zwar soweit davor, daß es bei hochgestreckter und etwas zurückgehaltener Rute noch möglich ist, einen vom Drill ermüdeten Fisch über den Kescher zu ziehen, ohne daß die Bleibeschwerung dabei störend am Spitzenring anstößt! Bei einer Rutenlänge von 1,90–2,20 m sind das etwa 1,30 m, abzüglich 30 cm für das Stahlvorfach. Der

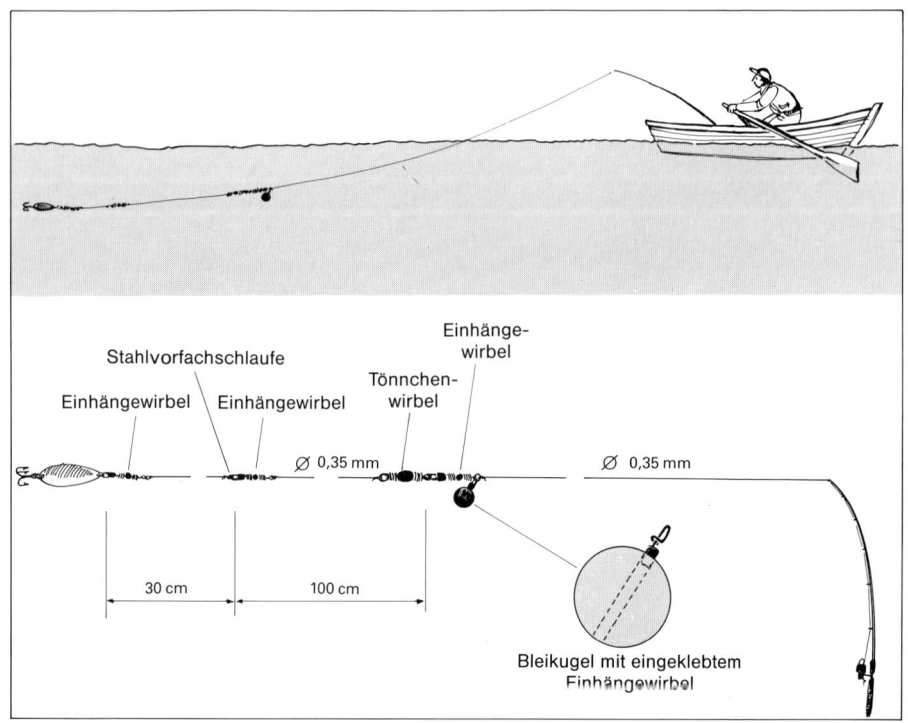

Behelfs-Schleppangeln.

»Schnurarm« selbst ist also nur etwa 1 m lang.
Die Original-Spinnangelzusammenstellung, also 0,35er Schnur mit am Ende angeknüpftem Einhängewirbel bleibt dabei unverändert. Der Angler geht nun folgendermaßen vor. Zuerst fertigt er aus ebenfalls 0,35er Schnur einen etwa 1 m langen Schnurarm an, dessen rückwärtiger Teil mit einem Tönnchenwirbel und dessen Vorderseite mit einem normalen Einhängewirbel ausgestattet wird.
Bei Bedarf klinkt der Angler nun diesen kurzen Schnurarm mit dem Tönnchenwirbel in den Einhängewirbel der Spinnschnur ein. In den Einhängewirbel des Schnurarmes wird die Schlaufe des Stahlvorfachs und in dessen Einhängewirbel der Schleppköder eingeklinkt.

Die Anhäufung von insgesamt vier Wirbeln schadet dem zukünftigen Schlepperfolg nicht, sondern trägt nur dazu bei, daß der Spinnköder verführerischer arbeitet, die Schnur nicht verdrallt wird und der Angler den vorbereiteten »Schleppangelarm« jederzeit einklinken kann, ohne daß die Hauptschnur mit ihrem Einhängewirbel irgendwie verändert werden müßte.
Zum Schluß wird nur noch die Schleppbeschwerung angefertigt. Dazu dient eine Lochbleikugel bis zu höchstens 20 g Gewicht, denn mehr hält die »Universalrute« ohne Schädigung nicht aus. Die Kugel erhält auf ihrer einen Seite einen kleinen Einhänger oder einen im Loch befestigten Einhängewirbel. Damit wird die Kugel bei Bedarf in eine der beiden Ösen des Tönnchenwirbels, am hinteren Schnurarmende

eingeklinkt. Jetzt kann mit dem »Gelegenheits-Schleppgerät« bis in 12 m Tiefe gefischt werden.

Behelfs-Fliegenfischen mit der Wasserkugel

Wasserkugel

Dies ist eine Hohlkugel aus Plastik, ⌀ 2,5–6 cm. Auf ihrer mittleren Wulstebene ist sie mit zwei gegenüber angebrachten Einhängeösen versehen. Die Kugel hat zum Wassereinfüllen zwei mit Stöpseln verschließbare Löcher. Normalerweise wird sie bis zur Hälfte, für Weitwürfe bis zu Dreiviertel mit Wasser gefüllt und ist sowohl Schwimmer als auch Wurfgewicht. Sie dient zum Behelfs-Fliegenfischen, notfalls auch Posenfischen, auf weite Distanz und auf Fische, die sich in der Nähe der Wasseroberfläche aufhalten, wie z. B. zeitweise Karpfen und Döbel oder willige Aufsteiger, wie die Salmoniden.

»Fliegen«-fischen erscheint deshalb in Anführungszeichen, weil der Angler statt der bei dieser Angelmethode üblichen Köder, wie den Trockenfliegen, Naßfliegen und Nymphen auch andere »Schwimmköder«, wie z. B. Schwimmbrot an einem kleinen, am Vorfach angebrachten Haken montieren kann. Ohne Wasserkugel als Wurfgewicht ließe sich diese eigenleichte Köderart nie derart weit auswerfen.

Zur Montage des Geräts knotet der Angler das Ende der 0,30er Hauptschnur am besten in einer der beiden Einhängeösen der Wasserkugel mit einem normalen Anglerknoten fest. Andernfalls läßt sich dazu auch rasch der am Schnurende angebrachte Einhängewirbel benutzen. Der Bogendurchmesser des Patenteinhängers muß dazu allerdings meist erst etwas aufgeweitet werden.

Die Wasserkugel platscht bei normalen, vor allem aber hohen Würfen recht vernehmlich auf's Wasser auf. Deshalb »überwirft« der Angler die Zielstelle möglichst um mindestens 3 m und zieht dann den Wasserkugel-Köder ganz behutsam auf die eigentliche Zielstelle zurück. Wie bekannt, schlagen Köder bei flachen Würfen oder gegen Schluß des Wurfes mit dem gestreckten Zeigefinger vorn am Trommelrand leicht »abgefedert«, erheblich sanfter auf's Wasser auf.

Übrigens dient uns die Wasserkugel nicht nur als Schwimmer und Wurfgewicht, sondern auch als Anhiebsetzer! Und dies speziell in Verbindung mit kurzen, der Wasserkugel vormontierten Seitenzweigen. Bis der Angler den üblichen, gewohnt schnellen Anhieb mit der Gerte gesetzt hat, erledigt die Wasserkugel das meist schon mit Hilfe ihrer großen Wasserverdrängung und Schwerfälligkeit.

Setzt die Wasserkugel ganz »sanft« auf's Wasser auf, ist auch mit dem Fang großer Äschen zu rechnen.

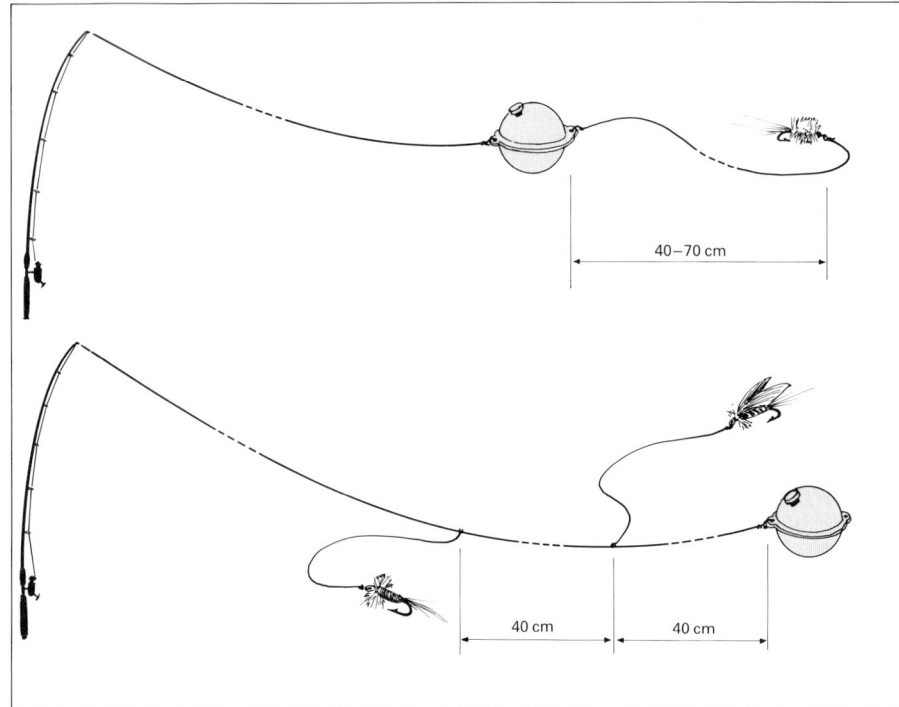

Behelfs-Fliegenfischen mit der Wasserkugel.

Vorfächer
Es gibt zwei unterschiedliche Befestigungsarten von Ködern an der Wasserkugel. Erstens einzeln, an einem auf der freien Außenseite der Wasserkugel angeknüpften, längeren, dünnen Einzelvorfach. Länge etwa 40–70 cm, ⌀ 0,22–0,25 mm.
Bei der Montage einer Trockenfliege bzw. der von Schwimmbrot werden der »Trocken«-Seitenzweig, ebenso wie etliche Meter der Hauptschnur ganz leicht eingefettet.
Fischt der Angler dagegen vom hohen Ufer aus, empfiehlt sich die zweite Ködermontage. Dazu werden ein oder zwei Seitenzweige, 5–15 cm lang, ⌀ 0,22–0,25 mm, auf der Anglerseite der Wasserkugel an die Hauptschnur, ⌀ 0,30 mm, geknüpft. Die Seitenzweige beginnen etwa 40 cm vor der Wasserkugel und liegen auch ebensoweit auseinander. Die »Trocken«-Seitenzweige sind kürzer als die »Naß«-Seitenzweige und werden später, zusammen mit etlichen Metern der Hauptschnur und natürlich der Trockenfliege selbst wiederum leicht eingefettet.

Haken
Eine weitere Verwendungsmöglichkeit der Wasserkugel ergibt sich dann, wenn man an den Enden der Seitenzweige oder womöglich auch nur an einem, einen kleinen dünndrähtigen, diesmal kurzschenkligen, meist Goldhaken der Größe 9–11, mit Spitzbogen und unverschränkter Hakenspitze montiert. Dieser kleine Einfachhaken kann dann jeweils, z. B. mit Schwimmbrot, einer Stubenfliege oder einer einzelnen Made beködert werden.

Köder mit Bedacht wählen

Was man vorher beachten sollte – allgemein

Alles, was hindert, daheim lassen

Der Gastangler sollte auch bei Köderwahl, -beschaffung, -hälterung und -transport darauf achten, daß alles Überflüssige und alles, was beim Fischen hinderlich werden könnte, weggelassen wird. Umfangreiche Behälter oder Kübel, z. B. für Anfütterungsköder beziehungsweise eine unnötig vielfältige Köderauswahl und damit auch viele überflüssige Schachteln dafür läßt man am besten zu Hause. Der Urlaubsangler muß sein neues Gewässer möglichst unbehindert erforschen und befischen können. Schließlich hat er ja keinen in der Nähe leicht erreichbaren und ihm schon bekannten Angelplatz vor sich. Die Köder sollten also in kleinen Behältnissen unterzubringen, zu transportieren und vor allem nicht kompliziert aufzubewahren sein.

Der richtige Köder zur richtigen Zeit am richtigen Ort

Während die Zahl der Raubfischköder noch einigermaßen überschaubar ist, kann das von den Friedfischködern nicht gerade gesagt werden. Es gibt eine Unzahl lebender Friedfischköder oder solcher aus toter Materie. Niemand sollte sich jedoch von der Vielzahl des Köderangebotes verwirren lassen. *Bei strenger Auswahl bleiben nämlich nur einige wenige Köder übrig, die fast das ganze Jahr hindurch in den verschiedensten Gewässern und auch bei den meisten Fischarten Erfolg bringen!*

Auch die jeweilige Jahreszeit kann bei der Köderauswahl eine wichtige Rolle spielen. In der warmen Jahreszeit z. B. können Kartoffel- und Käseköder mehr Erfolg bringen als lebende Köder. In der kalten Winterszeit befällt jedoch die meisten Fische eine gewisse »Beiß-Lethargie«, aus der sie erst wieder »aufgeweckt« werden müssen. Dann sind lebende Köder wieder erfolgreicher. Kleine Madenbündel oder Mistwürmchen wirken nun wahre Wunder! Diese Köder bewegen und winden sich lebhaft hin und her, strahlen »Leben« aus und verführen so manchen Fisch doch noch zu einem Anbiß.

Auch unterschiedliche Gewässerverhältnisse können die Köderwahl beeinflussen. Im trüben Moorwasser oder dichten Kraut ist ein heller Köder, z. B. ein Madenbündel, auf größere Entfernung zu erkennen und daher von den Fischen leichter zu finden als ein dunkler. Im schmutzigen und kaffeebraunen Hochwasser dagegen sieht der Fisch einen dunkelfarbenen bis schwarzen Köder, wegen seines größeren Farbkontrastes, auf größere Entfernung als einen hellen. Gerade ein dunkelfarbener Wurm erscheint hier am natürlichsten, denn wie viele Würmer werden doch bei Regen und Überflutung ins Wasser geschwemmt.

Bei Verwendung vorher noch lebender Köder ist darauf zu achten, ob diese Köder an dem dafür ausgewählten Ort überhaupt vorkommen. Wenn der Angler z. B. eine Stubenfliege oder einen Heuschreck (Heupferdchen) statt sie »auf dem Wasser« mit Strömungsgeschwindigkeit abtreiben zu lassen, in reißender Strömung auf Grund »fest vor

Anker« legt, fällt dies jedem auch nur etwas vorsichtigen Fisch sofort als unnatürlich auf. Er wird dann ganz bestimmt nicht darauf anbeißen.

Köder an der Grundangel müssen im fließenden Wasser zudem noch strömungsfest sein. Beim Posenfischen treibt ja der Köder, wenn in Fließgewässern geangelt wird, mit der Strömung ab, während er beim Grundangeln durch ein verhältnismäßig schweres Grundblei, selbst in schärfster Strömung an einer Stelle festgehalten wird. Das trifft vor allem beim Barbenangeln zu. Der in der starken Strömung »fest vor Anker« liegende Grundköder ist also der kraftvollen Einwirkung der Strömung voll ausgesetzt.

Der Angler muß also bei der Auswahl eines Grundköders stets auch auf dessen »feste Konsistenz« achten, sonst wird der Köder nämlich in reißenden Strömungen von diesen schon nach kurzer Zeit vom Haken gewaschen. Ein Würfelchen Festkäse, Leberkäse oder ein dickes Scheibchen eines Wiener Würstchens halten z. B. gut am Haken, während ein Stückchen Weichkäse oder eine Kugel aus weichem oder sprödem Teig von der stärkeren Strömung ziemlich schnell vom Haken gewaschen würden.

Im Verhältnis der Köder »aus toter Materie«, wie z. B. der Teigkugel, zum »lebenden« Köder, wie z. B. Würmern, bringt der lebende Köder meist den schnelleren und sichereren Erfolg. Und das ist ja schließlich für das unbekannte Gewässer am wichtigsten! Fällt es also nicht besonders schwer, sich einen oder mehrere der unten aufgeführten »lebenden« Köder zu beschaffen, dann sollte es der Angler damit zuerst versuchen.

Die unten aufgeführten Spezialköder sind in der Reihenfolge ihrer größten Aktualität und Fängigkeit eingeordnet worden. Sofern leicht zu beschaffen, sollte sie der Urlaubsangler auch in dieser Reihenfolge benutzen.

Spezielle Köderauswahl

Köder zum Posenfischen, Grundangeln und bodennahen Treibangeln

Würmer aller Arten

Es handelt sich hierbei um einen überaus lebhaften Köder, mit dem es normalerweise gelingt, auch den phlegmatischsten Fisch aus einer eventuellen Beiß-Lethargie herauszureißen! Man kann diesen Köder bei allen oben aufgeführten Angelmethoden verwenden. Zum Posenfischen werden meist nur die kleineren Wurmarten, wie z. B. Rot- und Mistwürmchen, und zum Grund- und bodennahen Treibangeln vorwiegend die größeren Wurmarten, wie z. B. Erd- und Tauwürmer verwendet.

Man kann sich die meisten Wurmarten selbst suchen oder sie auch beim Gerätehändler kaufen. Um die Würmer möglichst lange lebendig und lebhaft zu erhalten, werden sie am besten in einer lichtdichten, mit zahlreichen Luftlöchern versehenen Dose, die möglichst mit frischem und leicht angefeuchtetem Moos angefüllt sein sollte untergebracht. Draußen stets in den kühlen Schatten und daheim immer wieder in den Kühlschrank gestellt, halten sich unverletzte Würmer ohne weiteres bis zu mehreren Wochen lang.

Der Wurmköder ist ein Sinkköder und kann in allen Wasserschichten, im ste-

Noch nicht geschlechtsreifer (ohne Ring) »Tauwurm«.

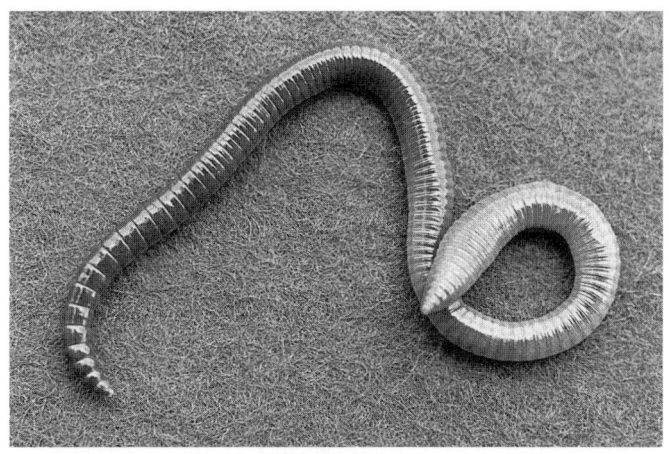

»Fleischmaden« – ein unwiderstehlicher Köder.

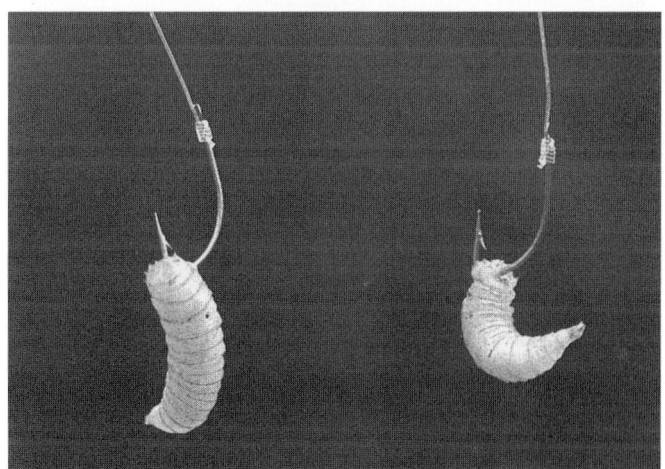

henden und im Fließgewässer angeboten werden. Er wird am besten mittels 2–4fachen Querdurchstechens an einem dunkelfarbenen Einfachhaken montiert.

Fleischmaden

Auch sie sind quicklebendig und reizen selbst den beißmüdesten Fisch. Maden gibt es billig in jedem Anglergeschäft zu kaufen. Wenn man Fleischmaden stets in den Schatten und daheim sofort wieder in den Kühlschrank stellt, halten sie sich wochenlang frisch.

Bei hohen Außentemperaturen verpuppen sich jedoch die soeben noch lebhaften Maden sehr schnell, werden schwarz-braun, steif und für den Fisch unattraktiv. Es kommt dann vor, daß dem Angler nach einigen Tagen beim Öffnen der Madenbüchse ein ganzer Schwall blauer und grüner Schmeißfliegen entgegenfliegt!

Fleischmaden sind meist in etwas Sägemehl eingebettet, in dem sie auch weiterhin verbleiben können. Dieser Köder kann allen Friedfischen, wie groß auch immer, in allen Wasserschichten angeboten werden, entweder einzeln, zu zweit oder auch zu dritt, evtl. sogar in einem kleinen Bündel, mit ihrem Stumpfende auf ein kleines, superscharfes Goldhäkchen montiert.

Larven und Nymphen

Auch sie sind äußerst lebhafte Tierchen, die selbst den beißunlustigsten Fisch sofort aus seinem Phlegma reißen! Sie stellen unter Wasser lebende, noch nicht fertig entwickelte Insekten dar, die von allen kleineren bis mittelgroßen Fischen gern genommen werden. Käuflich sind sie kaum zu haben. Man muß sie sich schon selber suchen. Für uns interessant sind eigentlich nur die *Köcherfliegen-Larve,* auch »Spröck« genannt, und die *Stein- und Maifliegen-Nymphe,* auch als »Stoakrebserl« bekannt.

Die *Köcherfliegen-Larve* lebt in kleinen, aus winzigsten Steinchen und Pflanzenteilen zusammengeklebten, etwa 2–5 cm langen und einige Millimeter dicken Röhrchen, die entweder einzeln oder direkt in kleinen Büscheln an der Unterseite unter Wasser befindlicher, größerer, meist grobporiger Steine oder Treibgutes »kleben« und dort oft gleich handvollweise geerntet werden können. Bricht man die kleinen Röhrchen in der Mitte auseinander, läßt sich der gelbliche oder licht-grünliche kleine »Wurm« mit dem schwarzen Kopf und Vorderteil leicht herausziehen.

Die *Stein- und Maifliegen-Nymphen* leben dagegen ohne Schutzhülle, werden ebenfalls bis zu etwa 5 cm groß, sind meist dunkel-braun gefärbt und sehen wie ein flachgedrücktes, längliches, kleines Krebschen aus. Die Nymphen halten sich an den gleichen Stellen wie die Köcherfliegen-Larven auf. Beide Köderarten werden am besten in einem mit angefeuchtetem Moos gefüllten Döschen untergebracht, das stets in den Schatten sowie später in den Kühlschrank gestellt werden sollte. Die Nymphen halten sich dort bis zu mehreren Wochen, die Köcherfliegen-Larven etwa eine Woche lang.

Nach einem kräftigen abtötenden Wurf auf einen flachen Stein werden die Larven auf kleine Goldhäkchen und die Nymphen auf dunkelfarbene Häkchen montiert. Der Anhieb muß stets blitzschnell gesetzt werden, da die Köder sonst nur vom Haken heruntergerissen würden.

Tote Köderfische

Meist versteht man hierunter kleine »Weißfische«. Sie werden zum Angeln auf alle Raubfischarten verwendet, aber auch zum Fang großer Friedfische, die inzwischen zu Gelegenheitsräubern geworden sind. Der Angler fängt sich die kleinen Fischchen entweder selber oder kauft sie im Angelgerätegeschäft. **Da in der Bundesrepublik, ganz selten aber im Ausland, das Angeln mit lebenden Köderfischen verboten ist,** brauchen die selbst gefangenen oder gekauften Köderfische auch nicht mehr umständlich in einem wiederholt mit frischem Wasser zu versorgenden Köderkübel transportiert und gehältert zu werden!

Der Angler tötet die gefangenen oder gekauften Fischchen vielmehr sogleich. Jeder Köder wird dann einzeln in einem dünnen Stoffetzen eingerollt, und dann immer 3–5 Fischchen zu einem Päckchen zusammengewickelt. Werden sie nicht gleich gebraucht, friert man sie in einem solchen Päckchen ein und transportiert am nächsten Angeltag ein oder zwei solcher Päckchen in einer kleinen Thermosflasche

Da die »Laube« ziemlich schlank ist, eignet sie sich besonders für die »Rotier-Systeme«.

ans Wasser. Die Thermosflasche hält sie viele Stunden lang frisch.
Die toten Köderfischchen werden in allen Wasserschichten und am Grund angeboten. An der *Posenangel* montiert der Gastangler ganze Köderfischchen mit »Rücken-Montage« an einen möglichst dunkelfarbenen Einzelhaken, der, wenn Hechte im Gewässer vorkommen, an einem dünnen kunststoffüberzogenen Stahlvorfach befestigt sein sollte.

Für's *Grund-* und *bodennahe Treibangeln* befestigt der Angler die Köder, entweder mit der »Maul-Montage« vorn am Kopf oder mit der »Schwanzwurzel-Montage« an der Schwanzwurzel beziehungsweise zieht das Vorfach oder Stahlvorfach mit einer Ködernadel vom Kopf her der Länge nach durch den Körper, bis es nahe der Schwanzwurzel wieder nach draußen kommt. Der Hakenbogen ragt dann aus dem Maulwinkel seitlich heraus.

Fischfleisch

Fischfleisch kann jeder Körperstelle eines Fisches, namentlich kleineren Weißfischen entnommen werden und ist ein hervorragender Köder für die meisten Raubfischarten. Der Angler kann den Fischfleisch-Köder kugelförmig, oval oder länglich, mit und ohne Haut formen und benutzt diesen Köder besonders häufig zum Fang von Aal, Zander, Barsch und Döbel.
Nachdem sich der Köder etwa 20 Minuten im Wasser befunden hat, beginnt er »auszulaugen«, d. h. er wird dann steif und hart, zeigt ein grob-poröses Aussehen und nimmt dazu auch noch eine stumpf-weißliche Farbe an, während er vorher licht-grau und leicht glasig schimmerte. Der Köder wird im ausgelaugten Zustand unbrauchbar und muß dann sofort durch einen neuen ersetzt werden!
Der Köder wird an einem Einfachhaken mittlerer Größe, entweder durch die Mitte oder durch sein eines Ende montiert. Man erzielt mit ihm den größten Erfolg, wenn man ihn ohne Pose und nur mit geringer Bleibeschwerung in den unteren Wasserschichten langsam auf- und ab-, beziehungsweise hin- und herzucken läßt. Der Anbiß erfolgt immer sehr heftig und sollte bei kleineren Ködern auch sofort durch einen ebenso temperamentvollen Anhieb beantwortet werden.
Hat man einen länglichen, »fetzen-artigen« Fischfleischstreifen montiert, läßt man den Fisch damit erst eine kleine Strecke abziehen, ehe man den Anhieb setzt.

Käsebrocken

Soll dieser Köder z. B. der Barbe in stärkerer Strömung angeboten werden, dann formt man ihn aus ganz frischem, »weicherem Hartkäse«, wie z. B. Emmentaler oder Edamer-Käse. Soll er dagegen im stehenden Gewässer, in Grundnähe oder direkt auf Grund Karpfen, Schleien oder Brachsen angeboten werden, dann kann man diesen Köder auch aus »festerem Weich- beziehungsweise Guß-Käse«, z. B. »Emmentaler ohne Rinde« formen.

Am besten verwendet der Angler dazu eine gut fingerdicke Scheibe der jeweiligen Käseart, die er dann in gut fingernagel-große Brocken zerteilt. Angeködert werden sie mit Hilfe einer Ködernadel durch ihre Mitte.

Den Käse sollte man immer nur ganz frisch kaufen. Er bleibt länger weich und geschmeidig, wird er in einer kleinen luftdicht abgeschlossenen Dose, deren Boden mit einem feuchten Tüchlein ausgelegt wurde untergebracht.

Der Anhieb wird dann gesetzt, wenn man den Fisch durch die leicht angespannte Schnur noch Schluckbewegungen machen spürt.

Kartoffelstücke

Auch dieser Köder wird meist in Grundnähe oder direkt auf Grund nahezu allen größeren Friedfischarten angeboten. Unter »Stücke« sind dabei keine viereckigen Quader zu verstehen, sondern mehr oder weniger abgerundete Kugeln, mit oder ohne Pelle. Wenn man in Kaufhäusern nicht gleich die schon fertigen und in der richtigen Größe befindlichen »kleinen Salatkartoffeln« kauft, muß man sich die Kartoffeln erst selber kochen. Etwa 20–35 Minuten Kochzeit, je nach Kartoffelart, -menge und -größe reichen vollkommen aus. Dann läßt man die Kartoffeln »über Nacht« liegen und auskühlen, damit sie bis zum nächsten Morgen die richtige Konsistenz bekommen.

Der fertige Kartoffelköder soll »zähweich« sein, nicht zu spröde, damit er nicht schon beim Anködern zerbröckelt und nicht zu hart, damit der Haken beim Anhieb auch sofort »durchschlitzt«!

Der mittelgroße Einfachhaken wird mit einer Ködernadel ins Köderinnere versenkt. Um die Kartoffel »wurffester« zu machen, kann man ja beim Einziehen des Hakens ein Blatt, einen Grashalm oder ein weiches Stück Brotrinde bzw. ein Stückchen Zeitungspapier unter den Hakenbogen schieben.

Die Kartoffeln werden meist in einer kleinen Dose transportiert, damit sie nicht zerstoßen und beschädigt werden. Der Anhieb wird erst nach kräftigem Abziehen der Schnur gesetzt.

Spezial- und Brotteig

Er wird aus vielerlei Material, darunter meist auch zerpflückten Weißbrotstückchen unter Wasserzugabe zusammengeknetet. Die oft mit Zucker, Anis oder den verschiedensten Duftölen versehenen »Wunderteige« sollten zäh-weich und geschmeidig sein, damit sie um den kleineren bis mittelgroßen Einfachhaken herumgeknetet werden können, ohne dabei gleich zu zerbröckeln. Dann formt man ein kleineres bis gut daumennagelgroßes, etwas längliches Knödelchen, das in allen Wassertiefen oder auch direkt auf Grund angeboten wird.

Der Teigköder bewährt sich beim Fischen auf die meisten kleineren bis größeren Friedfische. Damit der Vorrat im Verlauf des Angeltages nicht trocken und brüchig wird, sollte der Teig in einer kleinen luftdicht verschlossenen Dose oder einer zusammengedrehten kleinen Plastiktüte mitgenommen werden. Zu Hause läßt er sich so mehrere Tage im Kühlschrank aufbewahren. Dort behält er dabei in der Regel seine

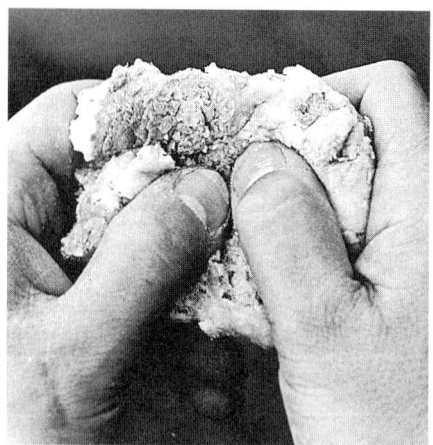

Unser »Wunderteig« muß gut durchgeknetet werden.

Pain Chaillou

Hierbei handelt es sich um französisches Spezial-Angelbrot. Ursprünglich knochentrocken und federleicht, ist es unbegrenzt haltbar und läßt sich z. B. monatelang in einer kleinen Dose als »letzter Retter in der Not« in der Umhängetasche mitführen. Nur in einer Tüte darf es der Angler nicht mitnehmen, da es sonst sofort zerbröseln und unbrauchbar werden würde.

»Pain Chaillou« ist ein Köder für kleine und große Friedfische und hat den unschätzbaren Vorteil, wegen seiner großen Zähigkeit, bis zu 40 Würfe und länger am Haken zu halten. Manchmal können sogar mir nur einem einzigen Fetzchen »Pain Chaillou« mehrere Fische hintereinander gefangen werden, ohne daß ein neuer Köder montiert werden muß.

Um diesen Köder gebrauchsfertig zu machen, schneidet der Angler von den kleinen schmalen Brotlaib eine etwa daumendicke Scheibe ab und wickelt sie für 10 Minuten in ein kleines, gut zäh-weiche Konsistenz. Wird er wirklich einmal etwas zu trocken, kann er mit etwas Flüssigkeit wieder geschmeidig geknetet werden. Beim Fischen mit Teigködern muß der Anhieb stets sofort gesetzt werden.

»Pain Chaillou« – ein hervorragender Köder für kapitale Schleien.

feuchtes Tüchlein. Beim direkten Eintauchen ins Wasser würde sie zu viel Feuchtigkeit aufsaugenn, zu weich werden und nicht mehr fest genug am Haken haften. Bis das Gerät gebrauchsfertig zusammenmontiert ist, ist auch die Brotscheibe parat, zähweich und langfaserig. Jetzt werden nur noch kleine, lockere Fetzchen aus der schwammigen Masse herausgerissen und, ohne sie vorher zu einer Kugel zusammenzudrehen, an ein kleines Goldhäkchen der Größe 10–12 gesteckt.

Leberkäse und weichere Wurstbrocken

Der Angler spricht mit diesem Köder so ziemlich alle Friedfische, speziell aber auch Aal, Barsch, Barbe und Döbel an. Der Wurstbrocken wird etwa daumennagelgroß aus einer gut fingerdicken Wurstscheibe in Würfeln herausgeschnitten. Die Wurst muß frisch sein und bleibt dies auch, wenn sie in einer mit vielen Luftlöchern versehenen, sauberen, kleinen Wurmdose untergebracht, transportiert sowie überall in den Schatten und daheim gleich wieder in den Kühlschrank gestellt wird. So bleibt der Köder meist mehrere Tage verwendbar. Wird er aber bräunlich, weißlich oder hart, muß er sofort gegen frische Ware ausgetauscht werden.

Bleibt der Wurstbrocken länger als etwa 20–30 Minuten im Wasser, »laugt er aus«, wird dann hart, grob-porös, glasig, auch schmutzig-weißlich und muß sogleich durch einen neuen, frischen Köderbrocken ersetzt werden.

Der Wurstbrocken wird mit Hilfe eines größeren Einfachhakens und einer Ködernadel angeködert. Er kann in allen Wassertiefen, auch direkt am Grund und das selbst in starker Strömung, angeboten werden. Der Anhieb muß ziemlich kräftig gesetzt werden, damit der Haken auch sicher durch den Köder »durchschlitzt«.

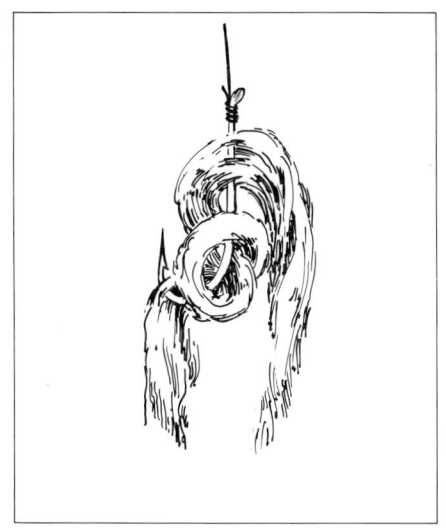

Anköderung eines »Algenbüschels«.

Algenfetzen

Dieser Köder besteht aus langen, feingliedrigen, dünnfaserigen, mittelgrünen »Fadenalgen« und ist jederzeit, schnell im flacheren Wasser an großen Steinen, Bohlen, Wehrschwellen, Brettern, Steindämmen und dergleichen zu finden. Obwohl jedoch ein ganz hervorragender Köder auf die meisten Friedfische, ist er mit besonderem Erfolg vor allem auf Barben, Karpfen, Schleien, Döbel und Nasen verwendbar. Erstaunlicherweise wird dieser Köder viel zu selten benutzt, obwohl er an beißflauen Tagen sogar als »letzter Retter in der Not« gelten kann! Allerdings gilt dies nur an Gewässerstrecken, wo die »Fadenalgen« auch wirklich vorkommen.

Am besten benutzt der Angler diesen Köder nur dann, wenn er auch vorher Fische – am Aufblitzen ihrer Flanken zu erkennen – den Algenbewuchs von Steinen und dergleichen hat »abweiden« sehen.

Zum Anködern wird eine dünne Strähne Fadenalgen, etwa in Fingernagel-

größe, um einen kleinen, dunkelfarbenen Einfachhaken herumgewunden. Die Enden läßt man lang herunterhängen. Die Hakenspitze muß freibleiben. Dann läßt man den Köder, möglichst ohne Pose, auf schon ausgemachte Fische zutreiben oder legt ihn vorher in »Abweiderichtung« eines bestimmten Fisches auf einen Stein.

Mais- und Getreidekörner

Sie alle sind ausgezeichnete Köder für alle kleineren bis größeren Friedfische. Wer sich nicht die Mühe machen will, die Körnerköder daheim selbst weich und gebrauchsfertig zu kochen, es rentiert sich allerdings kaum mehr, der kauft sie sich am besten für wenig Geld bei seinem Gerätehändler.

Die gebrauchsfertigen Körner lassen sich ziemlich lange im Kühlschrank aufbewahren, wenn sie dabei immer ganz mit Flüssigkeit bedeckt sind. Also wenn nötig, nur etwas Wasser nachgießen.

Die Körnerköder werden, je nach Farbe, entweder an einem Gold- oder einem dunkelfarbenen Häkchen der Größe 11–14 angeködert, das Maiskorn mittels direkten Durchstechens von außen, die anderen Getreidekörner, indem man sie seitlich etwas zusammenquetscht und dann das super-scharfe Häkchen mit der Spitze in die dabei herausquellende »weiße Masse«, den Keim einsticht. Gelegentliches, spärliches Anfüttern mit einzelnen Körnchen macht die Fische schneller auf unseren Köder aufmerksam.

Köder zum Oberflächen-Treibangeln, evtl. auch Posenfischen

Stubenfliegen und »Brummer«

Stubenfliegen und »Brummer« sehen sich sehr ähnlich, haben beiden einen schwarz-grauen, rundlichen Körper, einen abstehenden, scheibenartigen Kopf mit riesen-großen Augen und auf dem Rücken in V-Form flach zusammengelegte, durchsichtige Flügel. Sie unterscheiden sich praktisch nur in der Größe. Die Stubenfliege ist etwa halb so groß wie der Brummer. Jeder kennt diese Tierchen und weiß, wie ungeheuer lästig sie werden können, wenn wir in der warmen Jahreszeit gerade beim Essen sitzen.

Beide sind hervorragende Schwimmköder auf alle hochstehenden Friedfische und Salmoniden.

Man fängt diese beiden Köder in und nahe menschlicher Behausungen, besonders zur warmen Jahreszeit, auf in der Sonne liegenden Mauern oder Mauerteilen, Steingeländern, steinernen Brückengeländern und Brunneneinfassungen und dergleichen mehr.

Zum Fang der beiden Fliegenarten wird nur die hohle Hand gebraucht, wie zu unserer Kinderzeit. Die Hand wird ganz langsam von vorn her auf die Tierchen, bis auf etwa 10–20 cm zugeschoben. Dann läßt man sie plötzlich vorschnellen und umschließt die Fliege.

Die Fliegen werden am besten in einer kleinen enghalsigen, speziellen Plastik-Heuschreckendose aufbewahrt, später mit einem festen Wurf auf einen flachen Stein getötet und dann zum Anködern, vom Kopf her, auf ein dunkelfarbenes, dünnes, blitz-scharfes Häkchen der Größe 11–14 geschoben.

Beide Fliegenarten sind eigentlich reine Schwimmköder, die man nach der Hakenmontage an leicht gefettetem Vorfach und gefetteter Schnur, also oh-

»Stubenfliegen« und »Brummer« – beste Köder für die Oberflächen-Treibangel.

»Köcherfliegen« – Super-Köder auf Friedfische und Salmoniden.

ne Pose und Bebleiung, mit der Strömung unter weit überhängendes Geäst oder Graswerk beziehungsweise in Feldweg-Verrohrungen oder unter Bretterabdeckungen eines Baches treiben läßt. Angehauen wird, wenn ein lautes Platschen zu hören oder ein Zupfen über die Schnur wahrzunehmen ist.

Aushilfsweise können diese Köder aber auch an der flacher eingestellten, leichten Posenangel verwendet werden.

Köcherfliegen

Es handelt sich hierbei um meist dunkel-braune, dunkel-graue oder weißlich gefärbte und an den helleren, ganz dünnen und langen Körpern leicht erkennbare Fliegen, die ihre langen, schmalen Flügel giebelförmig, längs über ihrem Körper zusammengeklappt tragen. Etwa 2 cm lang sind sie ein hervorragender Köder auf alle hochstehenden Friedfische und Salmoniden. Jeder Angler kennt sie, wenn sie an warmen Frühlings-, Sommer- oder Herbstabenden in dichten Wolken über dem Wasser schwärmen und sich zu Hunderten sogar auf unserer Kleidung niederlassen.

Dort braucht sie der Angler nur mit den gespreizten Fingerspitzen vorsichtig an den Flügeln zu ergreifen und in einen Behälter zu stecken. Ansonsten sind sie morgens in großen Mengen auch auf der Unterseite des Blattwerks von gewässernahen Büschen und kleineren Bäumen zu finden und können dort leicht herausgeschüttelt werden.

Auch die zahlreich vorkommenden Köcherfliegen werden am besten in einer kleinen, enghalsigen Plastik-Heuschreckendose untergebracht, bei Bedarf herausgenommen und nach vorherigem Töten längs an ein Häkchen der Größe 11–14, von vorn nach hinten gerichtet, montiert.

Köcherfliegen sind eigentlich reine Schwimmköder. Auch sie läßt der Angler an gefetteter Schnur unter tief überhängendes Ast- und Graswerk beziehungsweise in Feldweg-Verrohrungen oder unter Bretterabdeckungen treiben. Bei Bedarf können sie aber auch ohne weiteres mit der flach eingestellten Posenangel angeboten werden.

Heuschrecken (Heupferdchen)

Jeder kennt sie, zumindest aus seiner Kindheit. In Größe und Farbe stark variierend, benutzt der Angler die kleineren Heuschrecken hauptsächlich zum Fang kleinerer und die größeren zum Fang gewichtigerer Friedfische und Salmoniden.

Da Heuschrecken vom Frühsommer bis in den späten Herbst in schier unbegrenzter Zahl auf den meisten Wiesen oder auch auf den steil zu Feldwegen herabgelegenen Hängen – von unten nach oben hin begehen – vorkommen, ist der erforderliche Ködervorrat meist rasch beisammen.

Am schnellsten gelingt das am frühen Vormittag, wenn die Tierchen von der Nacht her noch etwas klamm und taunaß sind und noch nicht lebheft umherspringen können, wenn sich der Angler mit den vorne zusammengespitzten Fingern ganz langsam den Tierchen von vorn her nähert und dann plötzlich auf sie verstößt. Verfolgt der Fänger bei mehreren Fehlversuchen stets ein und dasselbe Tier, wird es schnell müde und läßt sich schließlich doch noch bequem ergreifen.

Untergebracht werden die Heuschrecken wiederum in der enghalsigen Plastik-Heuschreckendose. Angeködert werden sie auf ihrer Unterseite, von vorn nach hinten, mit einem dünndrähtigen, langschenkligen und blitzscharfen Häkchen der Größe 11–14. Wie andere Insekten werden die Heuschrecken vor dem Anködern erst getötet. »Geköpfte« Heuschrecken sind für die Fische nicht mehr attraktiv und werden absolut abgelehnt!

Heuschrecken werden, wie schon die vorher besprochenen anderen Insekten, entweder mit der Oberflächen-Treibangel offeriert oder mit der »leichten« Posenangel in den oberen bis mittleren Wasserregionen.

Brotrinde (Brotkruste)

Sie ist ein hervorragender Schwimmköder auf alle hochstehenden Friedfische, auch die, die sich unter tief überhängendes Geäst oder Graswerk gestellt haben.

Brotrinde schwimmt hervorragend und ausdauernd auf dem Wasser, sei es, daß man sie von frischem oder auch schon einige Tage altem Brot, vor allem hellem Misch- oder Weißbrot, abgeschnitten hat. Wird etwas zu harte Brotrinde über Nacht in einen Plastikbeutel

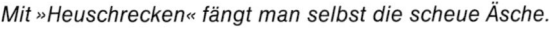

Mit »Heuschrecken« fängt man selbst die scheue Äsche.

gesteckt, ist die Brotkruste am nächsten Morgen »zäh-weich« und gerade recht zum Hakeneinziehen. Sie hält derart fest am Haken, daß sie der Angler auch ohne weiteres an der Grundangel verwenden kann.

Brotrinde bzw. Brotkruste wird auf einem kleinen Goldhaken längs montiert. Man knickt dazu die länglich-schmalen Rindenstücke in der Mitte, mit der Kruste nach außen zusammen, sticht den Haken zweimal durch die Außenseite der Knickstelle und läßt diese sich wieder langsam auseinanderspreizen und geradestrecken. Bei älteren Brotrinden sollte sich der Angler mit dem Anhieb etwas mehr Zeit lassen, damit sie vorher etwas tiefer geschluckt und nicht mehr so schnell ausgespuckt werden kann, wenn der Haken durch ihre feste Masse nicht gleich durchschlitzt, sondern die Kruste vorher im Fischmaul erst bewegt.

Köder zum Spinnfischen und Behelfs-Schleppangeln

Köderwahl – allgemein

Die im Handel angebotene Vielfalt künstlicher Spinnköder macht dem Angler die Auswahl der für seine Zwekke geeignetsten ziemlich schwer. Richtet der Urlaubsangler die Wahl seiner Spinnköder nach der Reihenfolge ihrer größten Fängigkeit aus, so muß der Universalgerät-Angler, der ja für alle zukünftigen Gegebenheiten möglichst universell ausgerüstet sein sollte, eine Reihe von Tatsachen beachten, die ihm den späteren Angelerfolg erst ermöglichen.

Spinnköder sind erst einmal nach den später damit wahrscheinlich beangelten Fischarten auszurichten. Dicht unter der Wasseroberfläche jagenden Rapfen kann kein Tiefen-Wobbler und unten im Tiefwasser stehenden Hechten kein reiner Oberflächen-Köder offeriert werden. Zander z. B. lieben es nicht, ihrer Beute im Höchsttempo zu folgen. Sie bevorzugen Köder, die sich extrem langsam führen lassen. Dickblechige Köder, die, um sie attraktiv bewegen zu können, extrem schnell einzuholen sind, wären hier also vollkommen fehl am Platz.

Welche Fischarten nun in einem dem Angler noch unbekannten Gewässer vorkommen, ist z. B. einer Mund-zu-Mund-Empfehlung zu entnehmen sowie Befragungen am Gewässerort oder Angaben in Angelsportführern bzw. Ur-

Dicht unter der Wasseroberfläche jagenden Rapfen muß man einen »Oberflächen-Köder« anbieten.

laubsprospekten. Aus diesen Angaben kann der Besucher auf etwa noch neu anzuschaffende Sonderköder schließen.
Auch die in einem unbekannten Gewässer zu erwartenden durchschnittlichen Fischgrößen können sich auf die Köderwahl auswirken. Für Fischhöchstgewichte bis zu etwa 1,5 kg sind mehr als 6–7 cm lange Spinnköder unangebracht. Bei Fischen bis zu etwa 7,5 kg werden Spinnköder von 7–10 cm Länge gebraucht. Und damit ist der Angler auch schon an der Höchstgewichtsgrenze seines »Universalgerätes« angekommen. Also keinen Spinnköder über 10 cm Länge und bis zu höchstens 20 g Wurfgewicht verwenden!
Darüber hinaus ist auch die Art des Urlaubsgewässers sehr wichtig. Handelt es sich z. B. um ein nicht allzu tiefes, stehendes oder langsam-fließendes Gewässer, ist ein verhältnismäßig langsam zu führender Köder, wie z. B. ein Spinner, dünn-blechiger Metallspinnköder oder Oberflächen-Wobbler zu empfehlen. Dick-blechige und eigenschwere Metallspinnköder wären hier auf jeden Fall unangebracht, da sie zu schnell geführt werden müßten, um sich noch einigermaßen attraktiv zu bewegen und nicht gleich auf den Grund abzusinken.
Bei größerer Wassertiefe verwendet der Angler dann mit größtem Erfolg ausgesprochene Tiefen-, im flacheren Wasser dagegen Mitteltiefen- oder auch reine Oberflächen-Wobbler.
Vor besonders eigenschweren und dick-blechigen Metallspinnködern sei ohnehin stets gewarnt. Sie lassen sich zwar mühelos ziemlich weit auswerfen und sinken auch schneller in größere Wassertiefen ab. Aber sie »spielen« bei weitem nicht so gut und verführerisch wie dünn-blechige Metallspinnköder!
Übrigens kann sich auch die Gewässerfärbung auf die Köderwirksamkeit

Bei lehm-braunen Hochwasserfluten sollte man den Kunstköder mit einem Filzschreiber »schwarz« überstreichen.

bestimmend auswirken. Für flacheres und besonders klares Wasser sind dunklere Köderfarben angebracht, für flacheres trübes und tieferes klares Wasser, Moorwasser sowie besonders schnell fließende Gewässer bevorzugt man hellere bis silberne Köderfarben. In lehm-braunen Hochwasserfluten dagegen hat man nur mit dunkleren bis schwarzen Köderfarben Erfolg.
Schließlich spielt auch das Köder-Schnur-Verhältnis beim »Universalgerät«, mit dem der Köder ausgeworfen werden soll, eine köderbestimmende Rolle. Mit der Schnurstärke von 0,25 mm kombiniert der Angler bis zu 6 cm lange Spinnköder, mit einer solchen von 0,30 mm bis zu etwa 8 cm lange und mit einer solchen von 0,35 mm höchstens bis zu 10 cm lange Köder.
Wer sich weitestgehend an diese Köder-Gerätekombination hält, kann die erstrebten Höchstwurfweiten auch stets mühelos erreichen.

Tote Köderfische am Spinnsystem

Sie stehen in der Reihenfolge der fängigsten Spinnköder entschieden ganz oben. Und das nicht nur deshalb, weil die am Spinnsystem montierten Köderfischchen »natürlich aussehen«, sondern vor allem deshalb, weil sie »natürlich nach Beute duften« und sich auch bei Fehlbissen »ganz natürlich weich« anfühlen und dadurch oft zu weiteren Anbissen, also zum »Nachfassen« verführen!

Die Auswahl der im Handel erhältlichen Spinnsysteme ist jedoch nicht allzu groß, so daß der Angler bei der Wahl des für ihn am besten geeigneten Systems wenig Probleme haben wird. Es gibt Systeme, die den darin befestigten Köderfisch hauptsächlich »wobbeln« lassen. Sie sind für alle Gewässerarten geeignet. Stehende oder fließende, flach oder tiefe. Und dann gibt es Systeme, die den darin eingeklemmten Köderfisch »rotieren« lassen. Sie sind besonders für trübere Gewässer geeignet, weil sie auf Grund ihrer zusätzlichen Druckwellenerzeugung auch noch als »Aus-der-Ferne-Herbeilocker« agieren.

Die allernatürlichste Bewegungsweise des Köderfischchens ermöglicht entschieden die erste Gruppe der Spinnsysteme, also die **Wobbel-Systeme.** Damit kann der Angler den Naturköder, eventuell auch eingespannten größeren Weichplastikfisch so richtig »wobbeln«, d. h. kraftlos hin- und herschlenkern, aber auch ebenso plötzlich nach oben, vorn oder zur Seite schnellen, vor allem aber kraftlos nach unten abtaumeln lassen!

Man spricht mit diesem Köder vor allem den im Hinterhalt lauernden Raubfisch an, wie z. B. Hecht und Zander, die nur darauf warten, daß ein krankes, in seinen Bewegungen behindertes und leichte Beute versprechendes Kleinfischchen in Sichtweite vorbeitaumelt.

Einfachstes, am universellsten zu verwendendes und mit nur wenigen Handgriffen am Wasser selbst zu bastelndes System ist das sogenannte **Hakenflucht-System.** Es besteht aus einem oder zwei an einem Monofil- oder evtl. auch Stahlvorfach, kurz hintereinander montierten und der jeweiligen Ködergröße entsprechend anzupassenden Drillingen sowie einem kurz davor befestigten, weitbogigen Einfachhaken. Die Länge des gesamten Systems sollte etwa 2/3 der des Köderfischchens entsprechen.

Mit dem Einfachhaken werden die toten, möglichst länglich-schmalen Köderfische, von unten nach oben, durch die vordere Kopfhälfte wurffest eingehakt. Der oder die beiden Drillinge werden schließlich seitlich von außen und »ohne jegliche Spannung nach vorn« in die Flanken des Fischchens eingedrückt. Schon bei der geringsten Spannung würde der Fisch stärker gekrümmt und nur wild zu rotieren beginnen, mit dem Schwanz weit ausschlagen und einen mißtrauischen Raubfisch sofort warnen! Die seitliche Hakenflucht kann durch eine kleine Fadenwicklung um den Fischkörper herum noch wurffester fixiert werden.

In dieses System lassen sich übrigens nicht nur tote echte Köderfischchen, sondern auch entsprechend große Weichplastik-Köderfische bzw. andere Köder einklemmen.

Wer den am Hakenflucht-System montierten Köderfisch ohne Bleibeschwerung benutzt, kann ihn zwar meist nur mäßig weit auswerfen, dafür aber am natürlichsten führen! Es ist also so vor allem für kleinere Gewässer bzw. nicht allzu große Wurfweiten geeignet.

Will der Angler den Köder dagegen weiter auswerfen bzw. in stärkeren Strömungen möglichst bodennah führen, dann wird vor dem montierten Köderfisch, in Stahlvorfachlänge, eine kleine Lochbleikugel auf der vorderen Vor-

»Hakenflucht- (Wobbel-) System«.

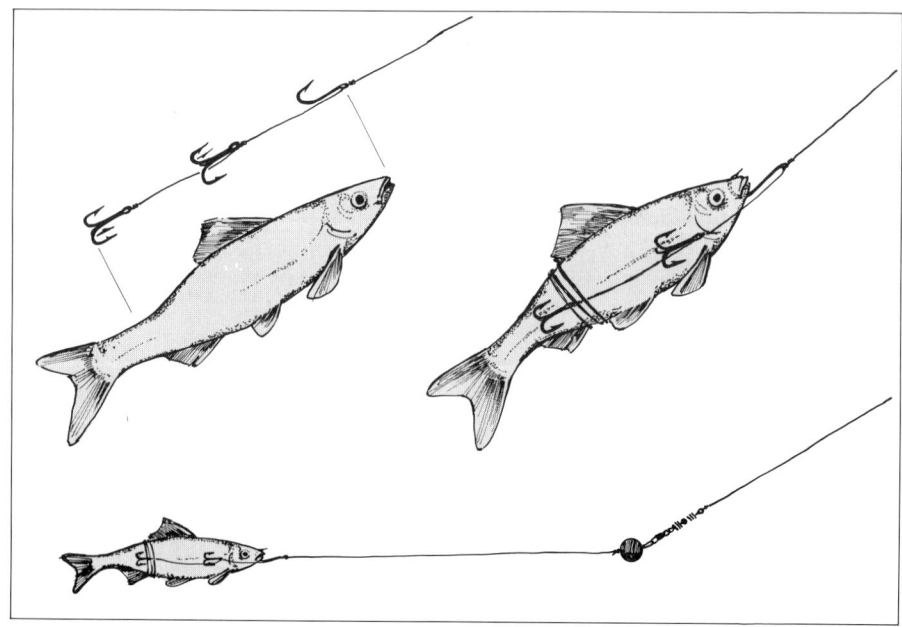

fachschlaufe vorgesetzt und dort mit einem Zündholz fest verklemmt. Kurz vor dem Auftreffen des Köders auf's Wasser ist die Schnur leicht abzustoppen, damit der Köderfisch zuerst auf's Wasser auftrifft und sich nicht vorher in der Schnur verhängt.

Wenn es das *Hakenflucht-System,* so wie es hier beschrieben wurde, also mit vorgesetztem Einzelhaken, im Angelgerätegeschäft nicht zu kaufen gibt, muß es eben schnell selbst gebastelt werden. Mit nur wenigen Handgriffen hat der Angler das jedoch bewerkstelligt.

Ebenfalls zu den »Wobbel-Systemen«, eventuell sogar mit im Körper zu versenkender Bleibeschwerung, gehören die im Handel erhältlichen *Dorn-Syste-*

Eine Variante des im Handel erhältlichen »Dorn-Systems«.

me, Bleikopf-Systeme und das *Plansee-System*. Sie alle sind zu empfehlen.

Zur zweiten Gruppe der für den Angler interessanten Spinnsysteme gehören schließlich alle mit Flügeln ausgestatteten **Klapp- bzw. Klammer-Systeme.** Sie klemmen den Köderfisch fest zwischen den Umklammerungsbügel ein und halten ihn absolut wurffest in der Montage. Sie sind dafür konstruiert, den eingeklemmten Köderfisch zum »Rotieren« zu bringen. Nur so sendet er seine aufblitzenden Lichtstrahlen und Druckwellen am weitesten in die Ferne.

Allerdings muß der Angler bei der Anwendung dieser Systeme peinlichst darauf achten, daß die Umklammerungsbügel immer genau in der Längsachse des eingeklemmten, möglicht länglich-schmalen Köderfischchens montiert werden! Im anderen Falle schlägt der Köder nämlich unnatürlich stark mit dem Schwanz aus und vertreibt dadurch meist den ansonsten interessierten Raubfisch.

Führen der Spinnsysteme

Die **Wobbel-Systeme,** wie z. B. das *Hakenflucht-System,* sind mit eingespanntem Köderfisch in den unteren Gewässerschichten, langsam, in ruckweisem Tempo, manchmal seitlich oder auch in die Höhe ausbrechend und dann vor allem kraftlos nach unten abtaumelnd zu führen.

»Klammer- (Rotier-) System«.

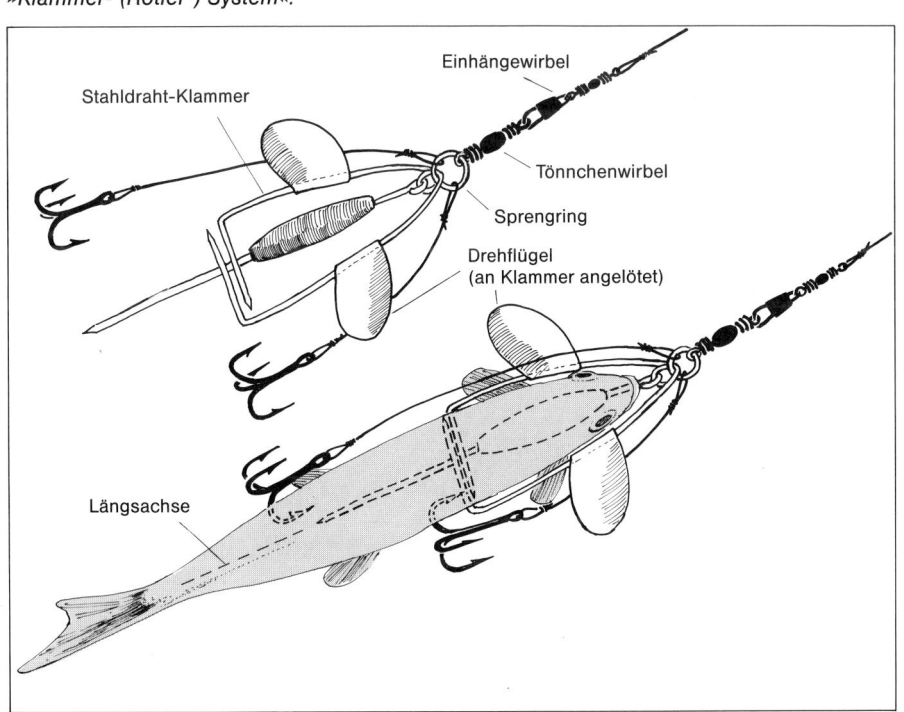

Die **Rotations-Systeme** werden in ziemlich gleichmäßigem Tempo, langsam, gelegentlich etwas zur Seite oder nach oben ausbrechend offeriert. Ließe sie der Angler kraftlos nach unten abtaumeln, würden sie aus der Ferne keine Fische mehr herbeilocken und sich höchstens mit ihren Haken in der Schnur verhängen.

Beim *Behelfs-Schleppangeln* werden die oben zitierten Führungsmethoden durch unterschiedliches Rudertempo herbeigeführt.

Wobbler

Auch Wobbler gehören, wie die *Spinnsysteme,* zu den Super-Spinnködern und sollten zumindest dann benutzt werden, wenn gerade ein »Nachläufer« beim Einholen dicht hinter dem Köder bemerkt wurde oder es gar einen »Fehlbiß« gegeben hatte!

Aber vor allem in den von zu vielen Anglern begangenen und daher meist »überfischten« Gewässern hat der Gastangler mit dem Wobbler entschieden mehr Fangchancen als mit den üblichen Metallspinnködern, weil nämlich diese von den anderen Anglern fast ausschließlich und der Wobbler nur recht selten benutzt wird!

Wobbler bewegen sich überaus natürlich, wenn sie nur richtig geführt werden. Manche Angler haben sogar eine riesige Wobblersammlung daheim, ... nur benutzt haben sie sie noch nie!

Wobbler haben vor den oben erwähnten *Spinnsystemen* noch dazu den großen Vorteil, daß zu ihrer Verwendung nicht erst tote Köderfische besorgt werden müssen. Der Umgang mit Wobblern ist daher erheblich sauberer als der mit den Spinnsystemen.

Gleichgültig wie täuschend echt ihre Bemalung auch manchmal ist und ih-

»Oberflächen- (Schwimm-) Wobbler«.

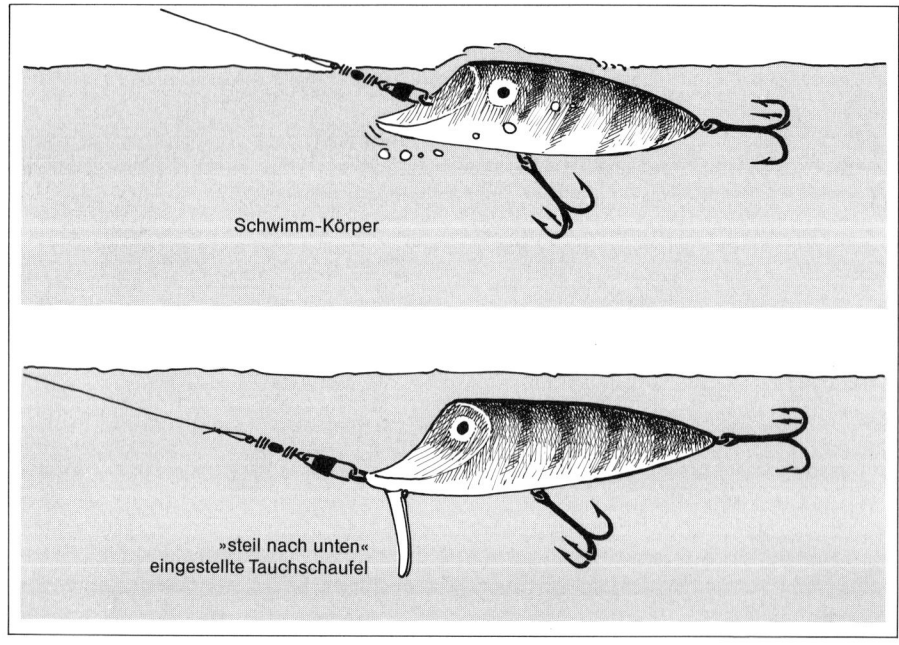

Schwimm-Körper

»steil nach unten« eingestellte Tauchschaufel

Kaum hat der Hecht den Haken verspürt, da schießt er auch schon mit mächtigem Sprung aus dem Wasser.

Der Hecht zeigt »weiß«.
Er läßt sich endlich heranholen.   *Na, komm' schon her.*

ren natürlichen Vorbildern gleicht oder aus welchem Material sie auch gefertigt wurden, teilt man die Wobbler in zwei Hauptgruppen ein, nämlich die reinen »Oberflächen-Wobbler« und die »Tiefen-Wobbler«.

Für den Fangerfolg aller Wobbler ist dabei in erster Linie ihre »Fortbewegungsart« maßgebend, der Wert ihrer äußeren Erscheinung folgt dann erst an zweiter Stelle.

Als reine **Oberflächen-Wobbler,** mit einem Aktionsbereich bis zu etwa 60 cm Wassertiefe, bezeichnen wir dabei solche Wobblerarten, die ihren Tätigkeitsbereich »direkt an« oder nur »knapp unter« der Wasseroberfläche haben.

Meist handelt es sich dabei um einteilige Wobbler, die aus Schwimmaterial gefertigt sind und die, wenn sie nicht bewegt werden, von allein auf der Wasseroberfläche schwimmen.

Auf Grund ihres ziemlich dicken und vorne meist abgeflachten beziehungsweise ausgehöhlten Kopfendes bzw. ihrer »ganz steil nach unten« eingestellten Tauchschaufel machen *Oberflächen-Wobbler,* wenn sie richtig geführt werden, also bei Langsamst-Tempo, langsam hin- und hertorkelnde, das Wasser in kleine Wellenbewegungen beziehungsweise ein auffälliges Aufplätschern versetzende Schlenker-Bewegungen.

Alles sehr anbißerregend, wenn sich ein Raubfisch in der Nähe aufhält und wenn das Wasser überdies noch etwas angetrübt ist. Die äußere Ausführung des Wobblers spielt dabei eine viel geringere Rolle, als vielmehr die mit dem Wobbbler ausgeführten, kraftlos erscheinenden Hin- und Hertorkel-Bewegungen!

Auf Grund seiner Körperfülle und der arteigenen Leichtigkeit sind mit dem Oberflächen-Wobbler meist keine größeren Wurfweiten zu erreichen. Oberflächen-Wobbler sind daher vor allem für nicht allzu weite Würfe in nicht allzu großen Gewässern bestimmt.

Auf keinen Fall aber darf man dem Oberflächen-Wobbler ein Blei vorschalten, um mit ihm dann größere Wurfweiten zu erreichen. Er würde dann nämlich sofort in tiefere Wasserregionen absinken, für die er ja nicht bestimmt und konstruiert wurde. Oberflächen-Wobbler darf man also nie mit Blei beschweren! Lieber nicht so weit auswerfen, aber dafür den Köder natürlich führen können.

Der *Oberflächen-Wobbler* zeigt sich übrigens dort als ganz besonders erfolgreich, wo ein dicker Krautteppich in flachen Altwassern nur von wenigen Handbreit Wasser bedeckt ist. Jeder wird sich wundern, wie viele große Raubfische sich in diesen Kraut-Unterständen aufhalten!

Wobbler können zwar selbst hergestellt werden, aber meist bei weitem nicht so gut und beutetier-ähnlich wie die gekauften. Deshalb erwirbt der Angler Wobbler auch meist im Fachhandel. Dabei muß es sich aber auch wirklich um schwimmfähige Oberflächen-Wobbler handeln.

Führen der Oberflächen-Wobbler
Vorher ausgemachte Raubfische sind mit dem Wobbler um etliche Meter zu »überwerfen«, damit die Fische vom Aufplatschen des Köders nicht gleich verscheucht werden. Nun erst wird der Köder auf die schon ausgemachten Fische zugeführt.

Das eigentliche »Führen« eines *Oberflächen-Wobblers* verlangt vom Angler große Selbstbeherrschung! Der Köder darf nämlich nicht, wie sonst leider meist üblich hereingehastet, sondern muß äußerst langsam und intervallweise so geführt werden, daß er zwischendurch immer wieder kleine Pausen macht. Ab und zu läßt man den Wobbler seitlich ausbrechen oder nach oben fliehen, wie eben ein natürliches Beute-

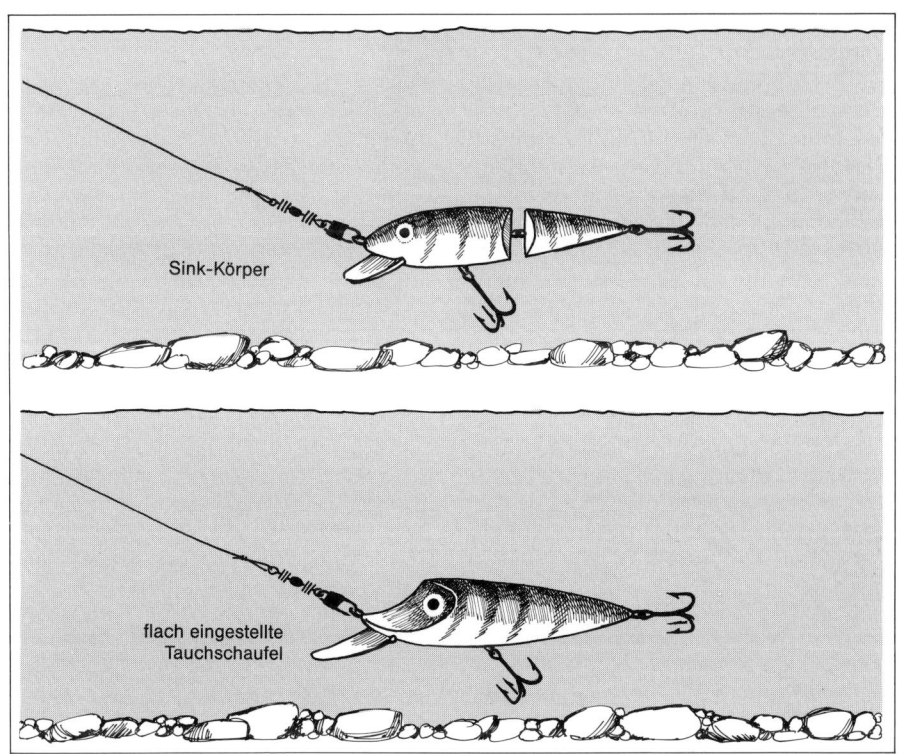

»Tiefen- (Sink-) Wobbler«.

tierchen, das kraftlos hin- und hertaumelt oder zur Oberfläche flieht, wenn es einen Raubfisch hinter sich bemerkt hat. Dann wiederum führt man den Wobbler oberflächennah und läßt ihn laut an der Wasseroberfläche herumplätschern.

Die Schwimmstöße des Oberflächen-Wobblers sollten einen halben Meter nicht überschreiten. Dann legt der Angler wieder eine Torkel- und Plätscherpause ein. Erst jetzt geht es wieder weiter. Von Stromaufschwimmen, vielleicht gar gegen stärkere Strömungen, kann überhaupt nicht die Rede sein. Ein krankes Fischchen oder eine ins Wasser gefallene Maus bewegen sich ja auch immer nur quer zur Strömung oder leicht flußab.

Der Oberflächen-Wobbler sollte bei leichter Strömung nie weiter hinaus in diese, sondern stets in strömungsschwache, möglichst ufernahe Gewässerpartien, wie z. B. ein kleines Hinterwasser oder den strömungsschwachen Rand des Gewässers plaziert werden.

Zum *Behelfs-Schleppangeln* ist der *Oberflächen-Wobbler* nicht geeignet. Er könnte mit dem Boot auch nie so fein und fachgerecht geführt werden wie von Hand.

Als reine **Mitteltiefen- sowie Tiefen-Wobbler,** mit einem Aktionsbereich von etwa 1–5 m Wassertiefe, werden all jene Wobblerarten bezeichnet, die ihren Tätigkeitsbereich auf die »mittleren bis tieferen Wasserschichten« ausrichten. Sie würden sich, knapp über einem

Krautteppich oder im flachen Wasser verwendet dort nur allzu leicht und schnell verhängen. Sie brauchen also ausreichend »Freiwasser« unter sich. Zwischen dichteren Krautbeeten sind Tiefen-Wobbler ohne Krautschutz nicht verwendbar, weil sie sich dort ebenfalls nur allzu schnell verhängen würden.
Tiefen-Wobbler werden meist aus Sinkmaterial gefertigt oder werden in mittlere Tiefen allein auf Grund ihrer ziemlich »flach- bzw. schräg-nach-vorn« eingestellten Tauchschaufel hinabgedrückt.
Tiefen-Wobbler sind meist kleinen Futterfischchen, teils recht natürlich, teils auch recht phantasievoll nachgebildet, sowohl was ihre Form, Farbe und Bewegung als auch ihre Druckwellen-Frequenz betrifft. Sind diese Wobbler mit einer variablen Tauchschaufel versehen, erreicht man mit dem Wobbler flachere Stellen bei »ganz steil nach unten« und größere Tiefen bei »ganz flach nach vorn« eingestellter Tauchschaufel.

Selbst, wenn der *Tiefen-Wobbler* keine sehr große Eigenschwere hat, sollte man es möglichst vermeiden, eine Zusatzbeschwerung am vorderen Ende des meist dünnen Stahlvorfachs anzubringen. Sie würde damit nicht nur die Verhängungsgefahr beim Auswerfen des Köders vergrößern, sondern auch dessen richtige Führung erheblich erschweren.
Wobbler von bis zu etwa 6 cm Länge kombiniert man mit einem Schnurdurchmesser von 0,25 mm, solche bis zu etwa 8 cm Länge mit einem von 0,30 mm und schließlich solche bis zu 10 cm Länge mit einem von 0,35 mm.

Tiefen-Wobbler selbst zu fertigen, rentiert sich kaum. Es ist eine reine Liebhaberarbeit. Man bekommt auch die Farbe meist nicht so schön und dauerhaft hin und kauft sich daher die Wobbler am besten im Geschäft.

Führen der »Tiefen-Wobbler«

Auch der *Tiefen-Wobbler* soll ein krankes Fischchen imitieren. Das Bewegungstempo ist daher langsam und ruckweise. Der Angler zuckelt mit dem Köder so etwa 1–2 m vorwärts, legt ab und zu kleine Ruhepausen ein, läßt den Köder nach links und rechts, nach oben und unten torkeln sowie im Weg liegende Hindernisse, wie z. B. dichtere Krautbeete umschwimmen. Stärkere Gegenströmungen muß der Köder meiden. Manchmal kann er auch direkt auf hindernislosen Boden gelegt werden. Der Köder wird dabei genauso Beute eines hungrigen Raubfisches, als imitierte er ein gesundes Kleinfischchen, das auf dem Boden ab und zu kleine Staub- und Schlammwölkchen hochwirbelt, weil es dort gerade nach Wasserinsekten sucht.
Und in gleicher Bewegungsart muß auch der Tiefen-Wobbler geführt werden. Der Angler läßt ihn zuerst bis in Bodennähe absinken. Dann beginnt die Vorwärtsbewegung des Köders, langsam, in ruckweisen Intervallen, ab und zu verhoffend, seitlich oder nach oben ausbrechend und dann wieder kraftlos nach unten taumelnd und hie und da hart auf den Boden aufstoßend.
Werden unbeschwerte Tiefen-Wobbler leicht stromauf oder zumindest quer zur Strömung ausgeworfen, sinken sie auf diese Weise sowieso ziemlich schnell nach unten ab.

Tiefen-Wobbler aller Arten bewähren sich bestens an der *Behelfs-Schleppangel*. Die Köderlänge darf bei 0,35 mm starker Schnur allerdings 10 cm nicht überschreiten. Falls der Wobbler nicht zum Erreichen größerer Tiefen geeignet ist, wird ihm eben, wie schon weiter oben bei der »Gerätebesprechung« erwähnt, ein schnell einklinkbarer, 1 m langer und vorn mit Blei beschwerter »Schnurarm« vorgeschaltet.

Blinker und Langlöffel

Blechartige Metallspinnköder als *Blinker* oder *Langlöffel* richtig einzuordnen, ist gar nicht so leicht. Selbst im Fachhandel werden Blinker als Löffel und umgekehrt Löffel als Blinker bezeichnet. Da ein sich bewegender Löffel auch blinkt, ist die Begriffsverwirrung durchaus verständlich.

Am besten sollte der Angler aber als **Blinker** all jene länglich-schmalen, blechartigen Metallspinnköder bezeichnen, deren Form sehr fischähnlich ist. Blinker weisen flossenartige Körperverzackungen auf und haben auf ihrer Außenseite oft fischschuppenähnliche Muster beziehungsweise im Kopfteil eingesetzte Augen.

Das klassische und erste Muster eines Blinkers ist der fast jedem Angler bekannte *Heintz-Blinker*. Er weist sowohl die typische Fischchenform auf als auch die nach außen gezackte Schwanzflosse.

Außen meist matt-silbern und auf der Innenseite kupfer- oder messingfarben, kann der »Heintz« sowohl in stehenden als auch in fließenden, ja selbst in reißenden, tiefen oder flachen Gewässern, und dies sogar bei unterschiedlichen Einholgeschwindigkeiten, verwendet werden!

Im gleichmäßigem Tempo eingeholt, rotiert der Blinker schwach um seine Längsachse, wobei die Fischchenform täuschend echt hervortritt. Bewegt ihn der Angler nur ganz langsam vorwärts oder unterbricht das Einholen, sinkt der Blinker leicht hin- und herschaukelnd nach unten ab. Je unterschiedlicher dem Angler Bewegungsweise und -tempo, unterstützt von entsprechenden Gertenbewegungen, zu variieren

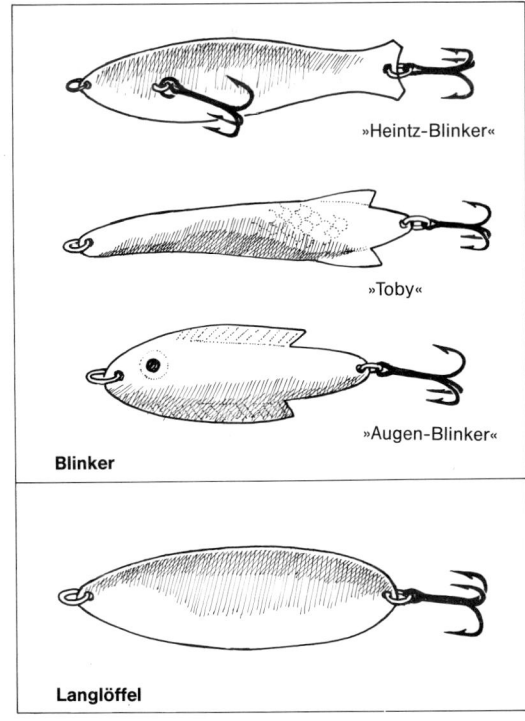

»Heintz-Blinker«

»Toby«

»Augen-Blinker«

Blinker

Langlöffel

»Blinker« und »Langlöffel«.

gelingt, umso verführerischer wirkt der Köder auch auf den Raubfisch.

Lebhafte Bewegungen können mit Blinker sowie Langlöffel allerdings nur dann ausgeführt werden, wenn der Köder nicht zu dick-blechig ist!

Die zweite, überall bekannte Form eines Blinkers wurde von der schwedischen Firma ABU kreiert, nämlich der *Toby-Blinker*. Vorn erheblich schmäler als der »Heintz«, weist auch der Toby am Ende eine schwanzflossenartige Verzackung und zudem auf der Außenseite auch noch ein fischschuppenartiges Muster auf.

Auch der »Toby« spielt am lebhaftesten, ist er dünn-blechig. In Fließgewässern leistet er am meisten.

Eine dritte Variante des Blinkers ist schließlich der *Augen-Blinker*. In kleineren Exemplaren von nur einigen Zentimetern Länge wird er bevorzugt zum Befischen kleinerer bis mittelgroßer Raubfische, wie z. B. Zandern, Barschen, Döbeln und Salmoniden verwendet.

Die mit schwächerer Innenwölbung versehene Außenform des Augen-Blinkers wird im letzten Körperdrittel durch zwei scharfe, flossenähnliche Kanten abgebrochen, um dann in ein schmales Körperende auszulaufen. Meist ist der Köder vorn mit einem eingesetzten Auge und außen mit einem fischschuppenartigen Muster versehen.

Wie aus der nebenstehenden Zeichnung ersichtlich, gehört der **Langlöffel** ebenfalls zu den länglich-schmalen, blechartigen Metallspinnködern. Seine ziemlich gleichmäßig länglich-ovale Körperform beginnt vorn ziemlich schmal, wird dann allmählich breiter und nimmt hinten ziemlich schnell wieder ab. Der Langlöffel hat eine glatte Außenform ohne jegliche flossenähnliche Verzackungen und ist üblicherweise etwa 3–4mal so lang wie breit.

Wegen seines hinten zusammengeballten Körpergewichts fliegt der Langlöffel beim Auswerfen stets mit dem Schwanzende voraus und überschlägt oder verhängt sich fast nie in der Angelschnur.

Je dick-blechiger und eigenschwerer ein Köder ist, umso weiter läßt er sich zwar werfen, aber das geht immer auf Kosten seiner Arbeitsweise und Verwendungsmöglichkeit an den verschieden gearteten Gewässern und auf unterschiedlich motivierte Raubfische.

Kurze Löffelformen oder gar umgekehrt, also mit ihrer Breitseite nach vorn montierte Löffel lassen sich nicht verführerisch genug offerieren und sind daher nicht zu empfehlen.

Alle hier aufgeführten, mehr oder weniger länglich-schmalen, blechartigen Metallspinnköder, wie der *»Blinker«* in seinen drei Unterarten und der *»Langlöffel«*, lassen sich umso verführerischer den Fischen anbieten, je »dünnblechiger« sie sind!

»Dick-blechige« Köder arbeiten nur dann einigermaßen lebhaft, wenn sie sehr schnell bewegt werden. Im stehenden Wasser wirkt sich das noch krasser aus als im Fließgewässer, wo ja die Strömung beim Drehen des Köders kräftig mithilft.

Ein rasantes Ködertempo ist aber den meisten, in einem Hinterhalt lauernden Raubfischen, wie z. B. Hecht und Zander, zu schnell, um dem Köder überhaupt noch folgen zu wollen. Sie ziehen fast immer das Kleinfischchen als Beute vor, das anscheinend krank und bewegungsbehindert kraftlos und langsam dahinzockelt. Nur ein solches Köderfischchen strahlt die Körperschwäche aus, die einen Raubfisch, die Salmoniden als Schnelljäger einmal ausgenommen, reizen kann, die offenbar leicht erreichbare und zu bewältigende Beute überhaupt zu verfolgen und anzugreifen!

Aushöhlung des selbst gefertigten »Langlöffels«.

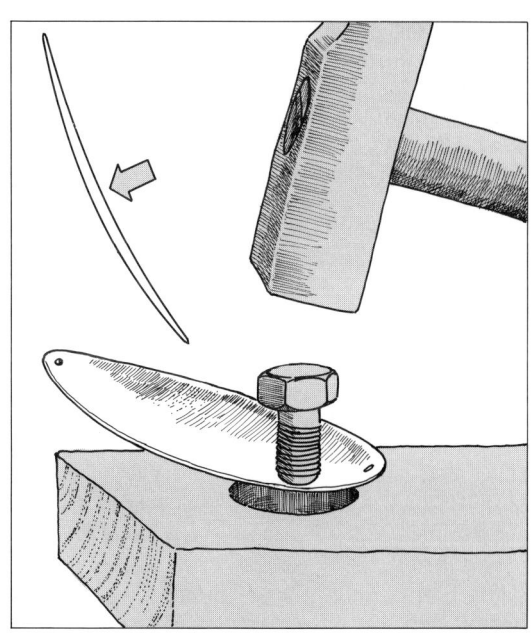

Die länglich-schmalen »Blinker« und »Langlöffel« gleichen sich weitgehend in Außenform, Größe und Blechstärke. Sie können daher auch ganz ähnlich geführt werden.
Zum Fang kleiner bis mittelgroßer Raubfische, wie z. B. der meisten Salmoniden, Alande, Barsche und Döbel, kombiniert der Angler die Schnurstärke von 0,25 mm mit einer Köderlänge von etwa 4–6 cm. Für den Fang der etwas größeren Raubfische, wie z. B. der größeren der bereits oben genannten Raubfischarten, sowie für Zander, Rapfen und kleinere Hechte werden 0,30 mm starke Schnüre mit Köderlängen von 7–8 cm kombiniert und für noch größere Raubfische 0,35 mm starke Schnüre mit 8–10 cm langen Ködern.
Sind entsprechend große und vor allem dünn-blechige Köder im Handel nicht zu haben, fertigt sie sich der Angler selbst aus entsprechend dickem Kupfer- oder Messingblech an. Für kleinere Löffel mit nur wenigen Zentimetern Länge genügen 0,5 mm Blechstärke, für mittelgroße eine solche von 0,8 mm und für große eine solche von 1 mm. Die Außenform des Köders ist der nebenstehenden Abbildung zu entnehmen. Die Längs- und Querwölbung ist gering, also nicht etwa tief ausgemuldet.

Die Innenwölbung läßt sich leicht über einem in ein dickeres Brett gebohrtem Loch (Durchmesser 25 mm) oder einer entsprechend großen Schraubenmutter (Durchmesser 25 mm innen), mit Hilfe einer etwa 10 mm dicken und unten abgerundeten Schraube zurechthämmern.
Sowohl mit dem dünn-blechigen *Blinker* als auch dem *Langlöffel* können alle Gewässertypen, also stehende und fließende, auch schnell-fließende, tiefe und flache befischt werden.
Mit Ausnahme ihrer Verwendung auf hochstehende Fische, wie z. B. auf Rapfen und Döbel, sind beide Köder immer

ziemlich tief, also in der untersten Wasserregion anzubieten. Im stehenden Gewässer kann man den Köder nach dem Einwerfen bis auf den Grund absinken lassen, außer bei sehr hindernisreichem Grund, und zwar bis zu dem Moment, wo die vorher beobachtete und leicht gespannte Schnur zwischen Rutenspitze und Eintauchstelle einen kurzen Augenblick lang »erschlafft«. Nach sofortigem Steilaufrichten der Rutenspitze beginnt man dann gleich mit dem Schnureinholen. Dadurch wird ein Festhaken des Köders an unebenem Gewässergrund weitgehend vermieden.

Je stärker die Strömung eines Gewässers ist, um so weiter schräg-stromauf müssen die Köder eingeworfen werden, damit sie, bis sie auf die Höhe des Anglers abgetrieben sind, auch schon ausreichend auf Tiefe gedrückt wurden. Die Vorschaltung einer Bleibeschwerung ist dann nicht mehr erforderlich.

Führen der »Blinker« und »Langlöffel«
Es muß immer wieder betont werden: Beide Köderarten sollten niemals schnell und gleichmäßig, sondern stets in wechselndem und langsamem Tempo eingeholt werden! Je dünn-blechiger der Köder dabei ist, um so variationsreicher läßt er sich anbieten.

Vor Krautbänken, Hindernissen, Untiefen, dicht vor der ersten Schar oder flacheren Gewässerstrecken erreicht man durch ein schnelleres Schnureindrehen und Hochheben der Gertenspitze, daß der Köder, ohne hängenzubleiben, über die Hindernisse »hinwegklettert«.

Zieht der Angler den Köder gerade über tiefen Rinnen, Gumpen, Lücken zwischen Krautbeständen und dergleichen und läßt er dann, beim Senken der Rutenspitze mit dem Einholtempo einen kurzen Moment nach, so »taumelt« der Köder, vielleicht noch durch eine Strömung hineingedrückt, kraftlos dort hinein, wo sich vielleicht ein großer Raubfisch versteckt haben könnte.

Vor allem wirkt bei der Führung der beiden Köderarten ... das »kraftlose Abtaumelnlassen« des Köders immer wieder äußerst aufreizend! Es gleicht dem kraftlosen Abtaumeln eines völlig erschöpften Kleinfischchens auf's Haar. Befischt man hindernislosen Sand- oder Kiesboden, z. B. auf Zander, wird der Köder leicht über den Grund geschleift, wobei er auf diesem kleine Dreck- und Schlammwölkchen aufwirbelt, wie ein dort nach Futter suchendes Kleinfischchen. Er macht so erst manchen großen Raubfisch auf sich aufmerksam und reizt ihn damit zu einem sonst vielleicht nicht ausgeführten Angriff.

Krümmt man dick-blechige Köder in ihrem Mittelteil noch etwas stärker quer durch, kann man sie erheblich langsamer führen und damit so manchen sonst nicht zu erhoffenden Anbiß »herauskitzeln«, namentlich in stehenden Gewässern!

Für's *Behelfs-Schleppangeln* eignen sich dünn-blechige und eigenleichte Köder am besten. Sie verhängen sich kaum beim Auslassen der Schnur und arbeiten bei jedem Rudertempo äußerst zuverlässig. Der Schleppangler muß also nach dem Auslassen der Schnur nicht befürchten, vielleicht stundenlang einen verhängten und damit unwirksamen Köder nachzuziehen.

Spinner

Bei ihnen handelt es sich um Köder, die nicht wie die meisten anderen Spinnköder ein für den Raubfisch interessantes Beutetierchen, in Erscheinungsform und Bewegungsweise nachahmen, sondern um reine »Lichtstrahlen-« und »Druckwellen-Aussender«!

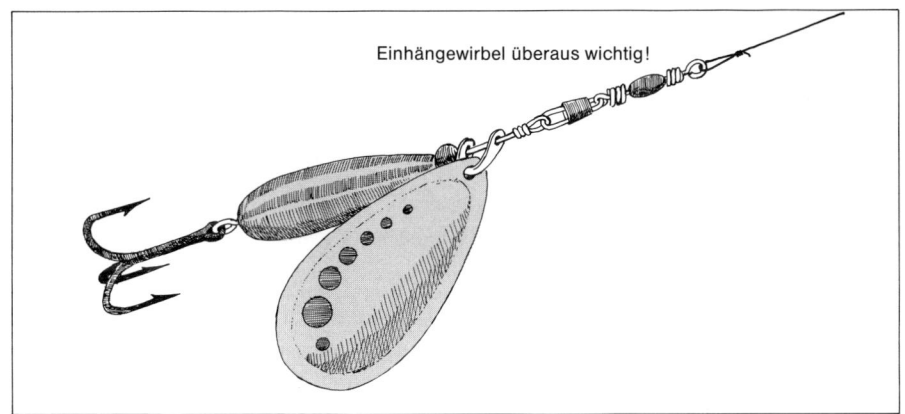

»Oval«-Spinner.

Spinner machen also vor allem die Raubfische, die sich in größerer Entfernung, Tiefe, möglicherweise außer Sicht hinter Hindernissen oder im trüben und fast undurchsichtigen Wasser aufhalten, durch Aussenden aufblitzender Lichtstrahlen sowie Druckwellen erst auf sich aufmerksam und locken sie so herbei. Spinner haben also ausgesprochene »Fernwirkung«. Sie blitzen während ihrer Bewegungen, auf Grund der Reflexion von Lichtstrahlen entfernt fischähnlich auf und die vom Spinnerblatt ausgesendete Druckwellen-Frequenz kommt der eines dahinschwimmenden Kleinfischchens einigermaßen nahe. Der Raubfisch hält den Spinner also, trotz seiner Köderunähnlichkeit für etwas Freßbares und greift zu!

Für den Angler kommt dabei eigentlich nur der meist im Handel erhältliche »Oval«-Spinner in Frage. Dies ist nicht der Name eines bestimmten Spinnermodells, sondern nur der Name, den der Verfasser diesem Spinner wegen der »ovalen« Form seines Spinnerblattes gegeben hat.

Der Oval-Spinner arbeitet bei mittlerem sowie gleichmäßigem Einholtempo am besten. Er blitzt hierbei am weitesten auf und sendet seine Druckwellen auch in größtmögliche Entfernung.

Spinner sind in vielen Farben, Größen und Körperformen zu haben. Die Farbe Silber ist recht gut für tiefe, schnelle und Moorgewässer geeignet. Erheblich fängiger aber sind die Farben Gold (Messing) für einigermaßen klares und tiefes Wasser und vor allem Kupfer für klares und flaches Wasser, sowie Schwarz für stark angetrübtes oder kaffee-braunes Hochwasser.

Wenn der auf die Drahtachse aufgeschobene, aus Blei oder anderem Metall gefertigte Spinner-Körper, der dem Köder das für den Wurf erforderliche Wurf- und Sinkgewicht verleiht, eine nach hinten, zum Drilling hin zunehmende Tropfen-Form aufweist, fliegt der Köder beim Wurf mit seinem Drilling immer voraus und verhängt sich nicht so leicht in der Schnur.

Eine zusätzliche Bleibeschwerung braucht der Spinner nicht. Sie würde nur zu Verhängungen führen. Der Spinner bringt ja schon von Haus aus das zum Erreichen angemessener Höchstwurfweiten erforderliche Wurfgewicht mit. Auch an einem eventuell vorzuset-

Die »Verdrallungs-Freudigkeit« des Spinners wird wirksam unterbunden, wenn man das Schnurende am Wirbelknoten etwas länger stehen läßt und dann dort ein dickeres Bleischrot anzwickt.

zenden Stahlvorfach wird kein weiteres Bleigewicht angebracht.

Auf keinen Fall darf beim Spinner-Fischen das Anknüpfen eines gut funktionierenden »Einhängewirbels« vergessen werden. Er ist überaus wichtig. Wenn nämlich das Spinnerblatt ständig rotiert, dreht sich, wenn auch in vermindertem Maß, der Spinnerkörper mehr oder weniger oft mit und würde sonst die Angelschnur stark »verdrallen«!

Spinner mit Löffelgrößen unter 2 cm sind ausgezeichnete Köder für Döbel, Aland, Barsch und Rapfen sowie alle Salmoniden der kleineren bis mittleren Gewichtsklasse, ja sogar für große Äschen und Barben. Bei Spinnern mit Löffelgrößen von 2–4 cm kann der Angler mit großen Exemplaren der schon oben aufgezählten Fische, sowie mit Rapfen, Hecht und Zander rechnen.

Führen des »Oval«-Spinners

Der Oval-Spinner kann bei mittlerem, gleichmäßigem Einholtempo gleichgut in allen Gewässern und auf alle Fischarten verwendet werden. Die Lichtstrahlen und Druckwellen werden so am günstigsten und weitesten ausgesendet. Zugleich bleibt aber der auf Schnur und Rutenspitze bei der Köderrotation auftretende und ausgeübte »Zug« noch erträglich. Das Gerät wird also nicht überbelastet.

Vor dem eigentlichen Führen eines Spinners muß nach seinem Absinken, also noch vor Beginn des Schnureinholens, das Spinnerblatt meist erst durch einen kleinen Ruck in Rotationsbewegung versetzt werden. Tut der Angler das nicht, legt sich das Spinnerblatt, meist in stehenden Gewässern, oft nur eng an die Drahtachse an und rotiert nicht. Daß ein Spinner beim Einholen auch wirklich zu rotieren begonnen hat, verspürt der Angler sofort am verstärkten Zug und leichten Vibrieren der Schnur.

Ausgenommen bei der Beangelung der an der Wasseroberfläche stehenden oder raubenden Fische, wie z. B. Döbel, Rapfen, Barsche und Salmoniden, bei denen der Köder möglichst oberflächennah angeboten wird, offeriert man den Spinner stets in den mittleren bis unteren Wasserschichten. In Fließgewässern wird er mit Quer- oder Schräg-Stromabwärts-Wurf in die Nähe des vermuteten Standplatzes eines Fisches plaziert.

Während in stehenden Gewässern ein Variieren der Einholgeschwindigkeit nicht möglich ist, beim Nachlassen des Schnurzugs würde das Spinnerblatt sofort aufhören zu rotieren, ist in Fließgewässern das Variieren des Einholtempos bei stärkerer Strömung durchaus möglich. Vermindert man hier die Einholgeschwindigkeit etwas, ist der Strömungsdruck auf das Spinnerblatt noch immer so stark, daß es weiterrotiert. Läßt der Angler den Köder dann auch noch seitlich, nach oben oder unten ausbrechen, beschleunigt oder verlangsamt ihn, so kann man die Führung des Spinners doch schon recht merklich variieren!

Der Anhieb wird mit der Spinnrute mittels kräftigen Ruckes gesetzt. Dann wird sofort die Rücklaufsperre der Rolle eingeschaltet und schließlich der Drill, bei schon vorher richtig eingestellter Bremse – Schnur gerade eben noch »zäh abziehbar« – begonnen.

Zum *Behelfs-Schleppangeln* sind Spinner weniger gut geeignet. Sie drehen sich nämlich beim Schnurauslassen nur allzu leicht um und verhängen sich dann in der Schnur. Verspürt der Angler dieses Malheur bei vollständig ausgelassener Schnur nicht gleich, kann er den verhängten und unwirksamen Köder vielleicht stundenlang hinter dem Boot nachziehen, ohne die geringsten Fangchancen zu haben.

Wer dennoch einen Spinner zum Schleppen verwenden will, muß ihn so weit wie möglich nach hinten auswerfen und ihn dann, wie beim Spinnfischen, erst durch einen anfänglichen Ruck in Rotation versetzen. Das Rudertempo muß stets gleichbleiben, da der Köder beim Nachlassen des Rudertempos sofort das Rotieren einstellen und damit unwirksam würde.

Weichplastikköder

Sie sind typische Kinder des 20. Jahrhunderts und der modernen Kunststoffindustrie. Die bekanntesten Weichplastikköder der letzten Jahre kennen wir unter den Namen *Vibrotail*, *Wackelschwanz* und *Twister*. Während die ersten beiden, wenn auch teilweise etwas abartig, noch die Gestalt eines Fischchens nachzuahmen bemüht sind, kann das vom *Twister* ganz und gar nicht mehr behauptet werden. Er hat einen absolut köderunähnlichen Körper, verblüfft durch meist grell-popfarbene, oft auch noch fluoreszierende Farbtönungen, besticht aber wohl jeden auch noch so zögernden Angler sofort durch seine, mit Worten kaum zu

Weichplastik-Köder.

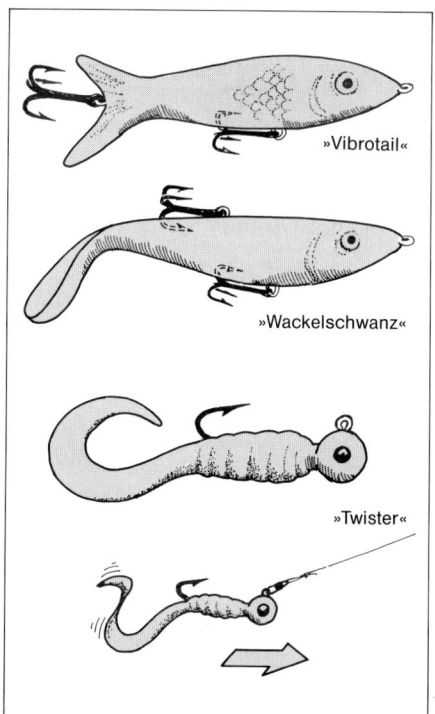

»Vibrotail«

»Wackelschwanz«

»Twister«

Er konnte der »widerlich klebrigen Schlabberigkeit des Twisters« nicht widerstehen.

beschreibende, fast schon widerlich-klebrig-weiche Schlabberigkeit seines Körpermaterials! Richtig geführt, zeigen die daraus gefertigten Köder einfach einmalige, selbst den beißunwilligsten Raubfisch aus seiner Lethargie herausreißende, weich hin- und herschlabbernde Bewegungen. Ein natürliches Beutetierchen könnte sich kaum derart verführerisch wie ein Twister bewegen. Wenn der Raubfisch diesen Köder nicht packt, um seinen Hunger zu stillen, dann bestimmt, um diesen widerlichen Wackler »wegzubeißen«.

Lockt der Twister den Raubfisch beim ersten Begegnen etwa noch nicht an, dann bestimmt beim zweiten. Fehlbeißende oder nur spielerich leicht zuschnappende Raubfische werden durch einen derart schlabberig-weichen Köder auf jeden Fall dazu verführt, noch ein oder mehrere Male »nachzugreifen«.

Keiner sollte sich durch das verrückte und absolut köderunähnliche Erscheinungsbild des Twisters davon abhalten lassen, ihn nächstens einmal zu kaufen und auch wirklich zu erproben! Denn der *Twister* und seine Eltern *Vibrotail* und *Wackelschwanz* sowie sein großer Bruder, der *Dorschknaller,* sind einmalige Super-Köder auf alle Arten von Raubfischen, kleine und große, aber auch Gelegenheitsräuber, wie z. B. große Brachsen und Barben.

Zum Angeln auf kleinere bis mittelgroße Raubfische sowie Gelegenheitsräuber, wie z. B. Salmoniden, Barsche, Alande, Döbel und große Barben sowie nicht allzu große Hechte und Zander dienen Ködergrößen von 4–7 cm Länge. Etwas größeren Rapfen, Zandern und Hechten offeriert der Angler denn Ködergrößen von 7–10 cm Länge.

Soweit die drei Weichplastikköderarten, die für's Fischen ohne Bleikopf zu leicht wären, noch nicht mit einem Jigkopf ausgestattet sind, was wohl meist der Fall sein wird, montieren wir eben selbst schnell einen solchen, der in allen Größen, Formen und Farben im Handel erhältlich ist, an. Hierzu wird nur die Spitze des Jighakens vorne in die Mitte des dicken Kopfteils des Köders eingestochen und dann dieser bis zum Jigkopf herangeschoben. Nun den Plastikköder etwas zusammenpressen und den Einfachhaken einfach an der Seite des Körpers wieder austreten lassen.

Besonders fängige Köderfarben sind für klares Wasser Lachsrot, Silber, alle Rotvarianten, Gelb und alle Gelbtönungen sowie Grün, einfach oder gesprenkelt. Für stark angetrübtes oder kaffeebraunes Hochwasser erweisen sich die Farben Dunkelbraun, Dunkelgrau oder Schwarz als am erfolgversprechendsten.

Die Hakenspitze muß stets sehr scharf sein! Schließlich sitzt ja die Schnurbefestigungsöse nicht genau in Verlängerung der Hakenspitze, sondern etwas seitlich dazu versetzt. Die Anhiebskraft wird also nie direkt auf die Hakenspitze übertragen, sondern in einem mehr oder weniger »spitzen Winkel« zur Verlängerung der Hakenspitze. Auf diese Weise geht natürlich ein Teil der Anhiebskraft verloren. Die Hakenspitze wird sich deshalb in hartknochige Maulpartien nicht immer gleich tief genug eingraben können, so daß sich so mancher Fisch am Schluß des Drills wieder freischlagen kann!

Um den Jighaken auch möglichst sicher im Maul des Fisches zu verankern, setzt der Angler den Anhieb deshalb immer blitzschnell und ziemlich kräftig.

Führen der Weichplastikköder

Beim **Flach-Twistern** vom Ufer eines stehenden oder fließenden Gewässers aus läßt man den Köder, z. B. »Twister«, nach dem Auswerfen kräftig auf den Gewässerboden aufschlagen. Bei flach nach vorn gesenkter Rute wird jetzt so viel lockere Schnur eingedreht wie möglich ist, ohne den Köder dabei zu bewegen. Jetzt läßt man die Gerte scharf nach oben schnellen und senkt sie gleich wieder abrupt nach unten, währenddessen die lockere Schnur schnell wieder eingedreht wird und man den Twister wieder kräftig auf den Gewässerboden aufschlagen läßt. Diese Führungstaktik, also das Gertenhochreißen, Gertensenken sowie das schnelle Schnureindrehen und den Köder wieder auf den Boden-aufschlagen-Lassen wird sooft wiederholt, bis der Wurf ausgefischt ist.

Der stets nach oben gerichtete Jighaken verhängt sich bei Bodenkontakt nur selten am Gewässergrund. Wenn aber doch einmal, hat ihn der Angler schnell wieder freigewippt, sofern er mit der waagerecht gehaltenen Rute, bei ganz leicht gespannter Schnur, vorsichtig auf- und abwippt.

Beim **Steil-nach-unten-Twistern,** z. B. vom Boot, von Wehrmauern oder Brücken aus, wozu sich eigentlich nur der »Twister« so richtig eignet, läßt man diesen bis zum Boden sinken und dort kräftig »aufschlagen«. Dann dreht man bei waagerecht abgesenkter Rute, etwa 1/2 m Schnur ein und beginnt nun mit der eigentlichen »Pilk-Führung« des Twisters. Die Gerte wird dazu in unregelmäßigen, kürzeren oder längeren, schnelleren oder langsameren, ruckartigen Bewegungen abwechselnd nach oben geschnellt bzw. rasch wieder nach unten gesenkt. Der Twister arbeitet hierbei ungeheuer lebhaft mit dem dünnen Flatterschwänzchen.

Nach einigen Minuten ohne Erfolg in einer bestimmten Wasserschicht, dreht der Angler einen guten Meter Schnur ein und twistert jetzt auch die obere Wasserschicht ebenso gründlich ab wie zuvor die untere. Das wiederholt sich jeweils so oft und lange, bis der Twister wieder in Sichtweite kommt.

Köder zum Behelfs-Fliegenfischen mit der Wasserkugel

Trockenfliegen

Da das *Behelfs-Fliegenfischen mit der Wasserkugel* im Gegensatz zum klassischen Fliegenfischen mit merklich gröberem Gerät, z. B. einer heftig auf's Wasser aufplatschenden Wasserkugel und einem dünnsten Vorfachdurchmesser von 0,22 mm ausgeübt wird, braucht der Angler bei der Fliegenauswahl bei weitem nicht so wissenschaftlich genau vorzugehen wie beim klassischen Fliegenfischen.

Die *Trockenfliegen* werden ja schließlich während des Wurfs mit der Wasserkugel und auch beim heftigen Aufplatschen auf die Wasseroberfläche ziemlich stark hin- und hergebeutelt.

Trockenfliegen mit hochstehenden Flügeln würden also nur ganz selten so auf's Wasser zu liegen kommen, daß ihre Flügel auch wirklich noch nach oben gerichtet sind. Also sind unter den verschiedenen Trockenfliegenarten solche mit hochstehenden Flügeln schon einmal auszuscheiden.

Da sich die anderen *Flügel-Trockenfliegen* beim Aufplatschen der Wasserkugel auch sofort voll Wasser saugen, würden auch sie nie verführerisch »oben auf der Wasseroberfläche schwimmen«, sondern immer nur halb unter Wasser getaucht und unattraktiv auf diesem abtreiben.

Für die *Wasserkugel-Gelegenheits-Fliegenfischer* sind daher nur solche Trockenfliegen attraktiv, die sich auch bei einem heftigen Auf's-Wasser-Plumpsen nicht gleich umdrehen und voll Wasser saugen!

Das aber sind eigentlich nur der dicht-

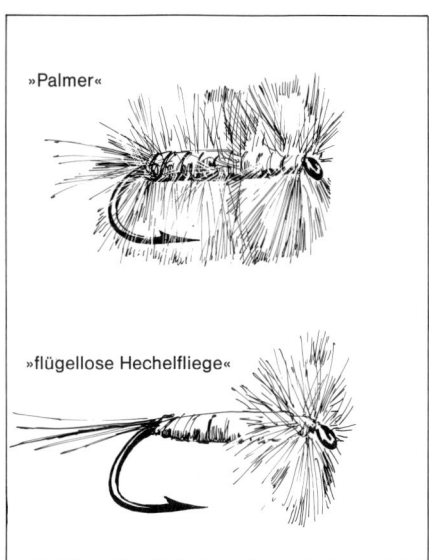

Wasserkugel – »Trockenfliegen«.

genmuster ebenfalls in den Hakengrößen 12–16.

Vor Gebrauch sollten auch mit der Wasserkugel angebotene Trockenfliegen leicht eingefettet werden, damit sie möglichst hoch auf der Wasseroberfläche schwimmen. Am unkompliziertesten ist es, wenn der Fliegenfischer mit den Fingerspitzen farblose Vaseline in die Hecheln einmassiert.

Nach dem Abködern eines Fisches ist die Fliege schleimig und muß vor ihrem erneuten Einfetten erst im Wasser ausgewaschen und zum Trocknen kräftig ausgeblasen werden.

gebundene *Palmer* und bestenfalls noch die »Hechelfliege ohne Flügel«. Ersterem ist dabei entschieden der Vorzug zu geben, weil der Palmer auch bei spärlichem Einfetten immer noch einigermaßen gut und vor allem »hoch« auf dem Wasser schwimmt.

Um nun möglichst viele am Wasser vorkommende Fliegenarten damit imitieren zu können, ist ein *mehrfarbiger Palmer,* wie z. B. die *Tricolore* oder die *Bivisible* den *einfarbigen* vorzuziehen. Es läßt sich aber natürlich auch auf die »Einfarbigen« gut fangen, wenn ihr dicht gebundener Hechelkranz braun, grau, weiß oder schwarz getönt ist. Die Hakengrößen 12–16 werden meist zum Erfolg führen.

Von der *flügellosen Hechelfliege* wären zu empfehlen alle Muster mit braunen Hecheln und rötlichem bzw. gelblichem Körper, solche mit grauen Hecheln und grauem, gelblichem oder rötlichem Körper sowie ganz schwarze oder für den Abend ganz weiße Muster. Alle Flie-

Anbieten und Führen der Trockenfliege
Der Angler kann die Trockenfliege entweder schon gesichteten oder auf Grund ihrer auf dem Wasser hinterlassenen »Ringe« an bestimmter Stelle ausgemachten Fischen so anbieten, daß er die Wasserkugel etwa 3 m stromauf des letzten Ringes möglichst vorsichtig auf's Wasser aufsetzt und nun die Fliege auf die letzte Ringstelle zutreiben läßt.

Den erforderlichen Anhieb setzt meist schon die im Wasser überaus träge und füllige Wasserkugel selbst und zwar in dem Augenblick, wo die Fliege in einem neuen Ring beziehungsweise einem kleinen Wasserschwall verschwindet. Sonst muß eben die Gerte zum Anhieb selbst etwas nach oben geschnellt werden.

Die Trockenfliege kann aber natürlich auch »auf's Geratewohl« an vielversprechenden und vor allem etwas flacheren Gewässerstellen angeboten werden. Da der Fisch hierbei in jedem Moment anbeißen kann, muß deshalb auch der Angler ständig in Bereitschaft sein.

Der Quer- oder Schräg-Stromaufwurf ist in Fließgewässern am produktivsten. Erst nach mehrmaligem vergeblichen Anbieten einer Trockenfliege sollte diese gewechselt werden. Oder der

Angler muß eben später noch einmal wiederkommen.

Die zum Fliegenfischen mit der Wasserkugel verwendeten Trockenfliegen werden beim Montieren an Seitenzweigen stets am kürzeren angebracht. Auch diese Seitenzweige oder das lange Einzelvorfach werden leicht eingefettet.

Naßfliegen und Nymphen

Beide Köderarten werden entweder schon gesichteten Fischen oder, und das meist »auf's Geratewohl«, noch nicht gesichteten angeboten Die Naßfliege stellt dabei hauptsächlich ein ertrunkenes Insekt dar. Naßfliegen und Nymphen können aber auch die Larve oder Nymphe eines unter Wasser lebenden oder gerade vor dem Ausschlüpfen stehenden und daher zur Wasseroberfläche aufsteigenden Insektes imitieren.

Wasserkugel – »Naßfliege« und – »Nymphe«.

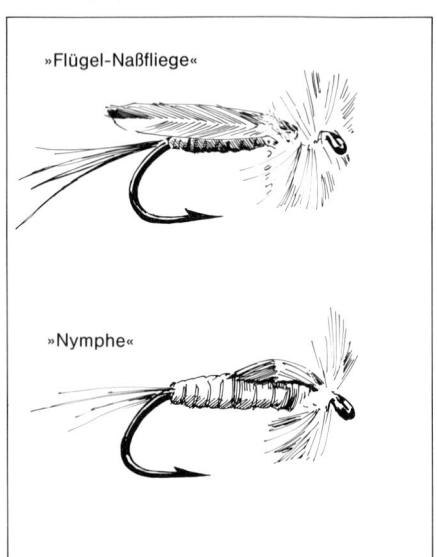

Ob die auszusuchende *Naßfliege* Flügel hat oder nicht, spielt weiter keine Rolle, da ja dieser Köder auf jeden Fall unter Wasser sinken und sich dort vollsaugen wird. Die *Nymphe* ist ja sowieso für die reine Unterwasserarbeit bestimmt. Deshalb werden Naßfliegen und Nymphen auch nicht eingefettet.

Besonders fängige Farbvariationen der »Naßfliege« sind solche mit blaugrauen Hecheln, eventuell lichtgrauen, längs des Körpers angelegten Flügeln und rötlichem, bläulichem oder gelblichem Körper sowie solche mit braunen Hecheln und Flügeln, kombiniert mit einem grünlichen oder olivfarbenen Körper. Die Hakengrößen variieren von Größe 12–14.

Besonders fängige »Nymphenmuster« brauchen nicht eigens aufgezählt zu werden. Praktisch versprechen alle Nymphen, wenn richtig geführt, also, sofern der Angler bei der Wasserkugelbefischung den Köder mit der Strömung abtreiben läßt und die Kugel nur hie und da in kleinere Zupfer versetzt, gute Fangerfolge. Als beständig fängig gelten solche Nymphenmuster, die nicht allzu füllig gebunden sind und dunklere Farbkombinationen aufweisen. Die Hakengröße variiert von Größe 12–14.

Anbieten und Führen von Naßfliegen und Nymphen

Naßfliegen und Nymphen werden hauptsächlich bei kühlem, unfreundlichem und windigem Wetter angeboten, also dann, wenn im Moment noch keine Aussicht auf ein späteres *Steigen* der Fische besteht. Meist offeriert der Angler beide Köder keinem bestimmten Fisch, sondern angelt damit »auf's Geratewohl« erfolgversprechende Gewässerstellen ab.

Die am langen, ungefetteten Einzelvorfach oder an den ebenfalls ungefetteten langen Seitenzweigen befestigten

Dieser große Döbel fiel auf eine »Wasserkugel-Nymphe« herein.
Der praktische und wirksame »Fischschupper« besteht aus vier, mit kurzen Holzschrauben auf ein Stück Holz aufgeschraubten »Kronen-Deckelverschlüssen« leerer Bierflaschen.
... Die muß man natürlich erst einmal leeren!

Naßfliegen und Nymphen werden meist mit Quer- oder Schräg-Stromabwärtswurf ausgeworfen, wobei die beiden Köder ganz natürlich in beziehungsweise mit der Strömung absinken bzw. abtreiben und vom Angler nur manchmal in kleine Zupfbewegungen versetzt werden sollen.

Der Anhieb wird durch ein leichtes Hochziehen der Gerte und damit Straffen der Schnur in dem Augenblick gesetzt, wo sich die Wasserkugel bewegt. Meist aber wird der Anhieb schon vorher ganz automatisch durch die Trägheit und Schwerfälligkeit der Wasserkugel von dieser selbst gesetzt. Der Drill geht mit steil nach oben gehaltener Rute, wie üblich vor sich. Die Rollenbremse muß schon vorher richtig, d. h. die Schnur »gerade eben noch zäh abziehbar«, eingestellt sein und der Fisch gefühlvoll herangeführt werden.

Notwendiges und ungewöhnliches Hilfs- und Landungsgerät

Wichtige Überlegungen – allgemein

Für den Angler unentbehrlich sind neben dem eigentlichen Angelgerät auch die Hilfs- und Landungsgeräte. Wie wichtig sie für jeden Angler sein und werden können, wird meist erst offenbar, wenn sie uns fehlen oder nicht griff- oder gebrauchsbereit sind. Geräte, die zum Fischen mit dem »Universalgerät« nicht unbedingt erforderlich sind, sollten daheimbleiben. Sie würden nur unnötig belasten. Das mitgenommene Gerät aber muß unbedingt in Ordnung sowie größeren Beanspruchungen gewachsen sein.

Doch aus Bequemlichkeit, um die Angeltasche nicht erst jedesmal wieder umräumen zu müssen, bleibt nur allzu oft das später überhaupt nicht gebrauchte Gerät dennoch in der Tasche und wird nur unnötigerweise an's Wasser mitgeschleppt.
Also bitte nicht vergessen, die Umhängetasche vor jedem, aber auch jedem Pirschgang genau daraufhin zu kontrollieren, was an mitgeführtem Gerät am Wasser auch unbedingt gebraucht wird und was nicht!

Notwendiges Kleingerät

Darunter versteht man kleineres handliches Werkzeug sowie sonstige Utensilien, die unbedingt in jede Angeltasche gehören und die beim Fischen stets greifbar sein müssen.

Was stets dabei sein muß

Ein blitzscharfes *Messer*, z. B. um damit »Fetzen« zuzuschneiden; eine kleine scharfe *Schere* oder ein *Fingernagel-Abkneifer*, z. B. zum Schnurabschneiden bei der Knotenfertigung; eine kleine, möglichst *langnasige Flachzange mit Abzwickvorrichtung* oder eine *Arterienklemme*, im medizinischen Fachhandel erhältlich, z. B. zum Hakenlösen; eine kleine *feinkörnige Flach-*, sogenannte *Kontaktfeile* oder *Diamant-Fingernagelfeile*, z. B. zum Hakennachschleifen; farblose *Vaseline*, z. B. zum Schnureinfetten; ein *Maßband*, z. B. zum Fische-Abmessen; eine *Ködernadel*, z. B. zum Hakeneinziehen in einen Köder; eventuell eine *Polarisationsbrille* oder ein *entsprechender Brillenvorsatz*, z. B. zum Ausmachen von Fischen im Gewässer; *Nadel und Zwirn*, z. B. als kleines Notflickzeug; ein kleines *Flickzeug-Besteck für Gummistiefel*, z. B. zum Flicken undichter Gummistiefel und unbedingt ein kleines *medizinisches Notbesteck* zum notwendig werdenden Versorgen kleinerer Wunden. Letzteres sollte enthalten: eine Kompresse, Mull- und Elastikbinde, Verbandspäckchen, Hansa- und Leukoplast, eine Pinzette, eine lange und dünne Nadel und etwas Jod.
Wenn möglich, wäre eine kleine *Erste-Hilfe-Anleitung* sehr nützlich! Übrigens

Mit einem »Fingernagel-Abkneifer« lassen sich z. B. Schnurenden beim Knotenbinden abkneifen.

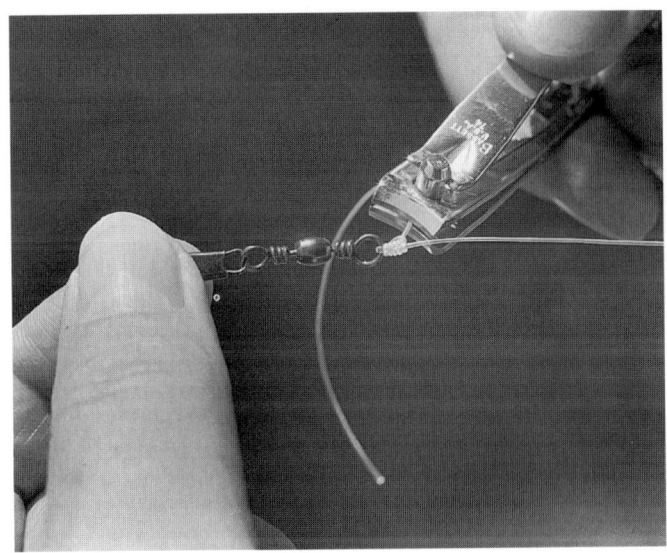

gibt es jetzt einen solchen *Mini-Verbandskasten für Angler* im Fachhandel zu kaufen. Er kostet etwa 10.– bis 15.– DM.
Da sich das oben aufgezählte Kleingerät auf ganz kleinem Platz zusammenpacken und leicht in jeder Umhängetasche mitführen läßt und zudem kaum etwas wiegt, sollte man es auch stets dabeihaben!

Etwas größeres »Kleingerät«

Hierzu gehört z. B., wenn wettermäßig anzuraten, ein leichtes, ganz klein zusammenrollbares, am besten *Nylon-Regencape* beziehungsweise ein solcher *Regenmantel. Kurze Gummistiefel* sollte der Angler stets tragen, z. B. wegen nassem Untergrund oder etwa vorkommender Kreuzottern. Möglicherweise erfordert das Gewässer sogar *hüfthohe Watstiefel.* Ganz bestimmt aber braucht der Angler *unterschiedliche Köderbehälter.* Solche aus Plastik sind leicht und sehr robust.
Außerdem sind wichtig einige normale, kleinere sowie größere *Plastikeinkaufstüten.* In ihnen können bei plötzlich einsetzendem Regen Fotogeräte, Ausweise, notfalls sogar auch die ganze Umhängetasche trocken untergebracht werden.
Ja, und dann das *Allerwichtigste:* Hat der Angler einmal *in undichten Gummistiefeln nasse Füße* bekommen, dann trocknet er sie einfach ab, wickelt den entsprechenden Fuß, ohne nassen Strumpf, in eine Plastiktüte ein und steckt ihn jetzt wieder in den nassen Stiefel zurück. Nun wird trockenen Fußes im weiterhin nassen Stiefel unbehindert weitergefischt!

Transportbehälter

Wer mit dem »Universalgerät« unbekannte Gewässer möglichst mühelos erforschen will, muß, wie schon erwähnt, sein unbedingt mitzuführendes Angelgerät stets auf dem geringstmöglichen Raum unterbringen! Am besten eignet sich dazu eine *strapazierfähige Umhängetasche,* die das Universalgerät in höchstem Maße schützt und die denkbar leicht ist. Sie sollte möglichst viele Seitentaschen haben.

Nur sie läßt sich auch geräuschlos mitführen, wenn der Angler mit ihr irgendwo hart anstößt oder sie versehentlich allzu fest auf den Boden des Bootes aufsetzt. Nur die Umhängetasche ist gewichtsmäßig am leichtesten und robustesten. Und blitzschnell hat man auch alles griffbereit vor Händen.

Der kleine und leichte *Rucksack* gewährt zwar die gleichen Vorteile und läßt sich noch ein wenig bequemer tragen.

Braucht der Angler aber etwas, muß er den Rucksack jedesmal erst umständlich von den Schultern herunternehmen, zeitraubend auf- und wieder zuschnüren und dann wieder auf die Schultern zurückstreifen.

Einen *Gerätekoffer* oder gar eine *Sitzkiepe* mitzuführen, wäre für die Erforschungsarbeit mit dem »Universalgerät« am unbekannten Gewässer vollkommen unangebracht! Sie wären beide schon einmal zu schwer und setzt der Angler sie allzu fest auf den Bootsboden auf, fängt sofort das große Klappern an!

Landungsgerät

Hierbei handelt es sich um Geräte, die dem Angler dazu dienen, einen müde gedrilltem Fisch auch sicher zu *landen,* d. h. aus dem Wasser auf's trockene Ufer oder in's Boot zu heben.

Schwere, kraftvolle oder auch noch in ausgedrillten Zustand unberechenbar wieder aktiv werdende Fische, die womöglich auch noch mit einem sehr schleimigen Schuppenkleid ausgestattet sind, lassen sich mit den Händen meist nicht sicher festhalten und aus dem Wasser ziehen.

Oft sind die Uferverhältnisse aber auch so ungünstig, z. B. hochgelegene Ufer oder unergründliche Schlammufer, daß ein, wenn auch schon müde gedrillter Fisch, mit den Händen einfach nicht zu erreichen ist. Flach auslaufende Ufer, die zum »Stranden« eines Fisches, d. h. zügigen Herausschleifen günstig sind, findet man aber an einem noch unbekannten Gewässer nicht so schnell. Und ausgezappelte Fische mit der Rute einfach aus dem Wasser zu heben, was in keinem Fall anzuraten ist, gelingt auch nur bei kleineren Fischen. Deshalb sind also *Landungsgeräte bei allen Angelmethoden stets erforderlich!*

Für den Universalgerät-Angler, der möglichst für alle Ufer- und Landungsverhältnisse gerüstet sein sollte, kommt eigentlich nur der mittelgroße, klein zusammenklappbare und mit starken Seitenbügeln versehene *Teleskopkescher* in Frage. Er läßt sich klein zusammengeklappt an der Körperseite tragen, stört also bei der Gewässererforschung nicht und ist dennoch blitzschnell landungsbereit auseinandergeklappt, wenn wir ihn brauchen. In einem mittelgroßen Teleskopkescher läßt sich ohne weiteres ein Fisch bis zu etwa 5 kg Gewicht sicher unterbringen.

In den mittel-großen Teleskop-Kescher passen auch große Fische hinein.

Ungewöhnliches Hilfsgerät

Darunter versteht man Gegenstände, die normalerweise mit dem Angelsport überhaupt nichts zu tun haben, die aber zu unserem Nutzen, teils fangfördernd, teils gesundheitserhaltend »zweckentfremdet« werden können!

Und das gehört dazu:

Kunststoffüberzogene Wäscheleine

Damit lassen sich z. B. *»Hänger* lösen.« Dazu wird nur ein etwa faustgroßer Stein an das eine Ende der Wäscheleine geknüpft, diese vor dem Angler auf dem Boden ausgelegt und dann der Stein über den Ast geworfen, an dem sich unser Spinnköder verhängt hat.

Nun wird der Ast nur noch nach unten gezogen und der Köder gelöst.
Mit Hilfe der Wäscheleine kann sich der Angler aber auch *beim Bootsangeln verankern.* Einmal dadurch, daß man einen »größeren, grobporösen Stein« an's Ende der Schnur bindet, ihr anderes Ende an der Ruderbank befestigt, dann den Stein vorsichtig über dem Angelplatz absenkt und die Schnur, nach oben gestrafft, am Ruderzapfen festschlingt.
Eine erheblich verfeinerte und auch *ankerstein-unabhängige Verankerungsmethode* ermöglicht uns eine am Schnurende angebundene große *Batterieklemme für Lastwagen,* die für wenig DM in jedem Autozubehörgeschäft erhältlich ist. Mit der starken Feder-

Überall leicht anzuklemmen der Behelfs-Anker »Batterieklemme für Lastwagen«.

klemme können wir unsere Wäscheleine dann z. B. an einem Bündel Schilf- oder Seerosenhalmen, Stegbrettern oder im Wasser stehenden Stangen, Ästen und dergleichen festklemmen.

Auch bei der Fertigung eines *Zug-Keschers* ist die Wäscheleine nützlich. Mit dem Zug-Kescher können müde gedrillte Fische von hohen Ufern, steilen Felswänden oder hohen Brücken herab sicher gekeschert und ohne abzureißen nach oben geholt werden.

Zur *Herstellung eines Zug-Keschers* bringt der Angler mit jeweils einigen Windungen eines schmalen Leukoplast-Streifens – 5–7 mm breit – je einen starkdrähtigen kleinen Springring oben an den beiden vorderen Kescheraußenecken und dem Stielende des zusammengeschobenen Kescherstiels an. Die drei Springringe verbleiben dann für immer am Kescher und stören dort nicht weiter.

Nun knüpft man drei kleine Einhängekarabiner an drei etwa 1,5 m lange, abgeschnittene Wäscheleinenarme an, klinkt sie in die Springringe ein und hält die Arme oben so zusammen, daß der Kescher genau waagerecht hängt und verknüpft nun diese drei Seitenarmenden oben, zuerst miteinander und dann mit der restlichen, eventuell noch zu verlängernden Restwäscheleine.

Die Wäscheleine mit den drei Schnurarmen führt der Angler stets zusammengerollt mit. Bei Bedarf braucht er dann den Teleskopkescher nur in die drei Karabiner der drei Schnurarme einzuklinken. Fertig.

Vor dem Kescherabsenken sollte noch ein etwa halb-faustgroßer Stein in den Kescherbeutel gelegt werden, der das Netz nach unten strafft und so das Einkeschern der Beute erleichtert.

Übliche Tageszeitung

Einmal quer und dreimal senkrecht zusammengefaltet, kann man die Zeitung z. B. zum *Insektenfang* verwenden, für Fliegen, Brummer oder Heuschrecken, die sich auf Mauerteilen, steinernen Brückengeländern, auf dem Boden oder auch auf Pflanzen niedergelassen haben.

Man nähert sich dazu den Insekten mit der Zeitung vorsichtig von vorn, bis etwa 20 cm, und läßt sie dann blitzschnell auf die Insekten vorschnellen.

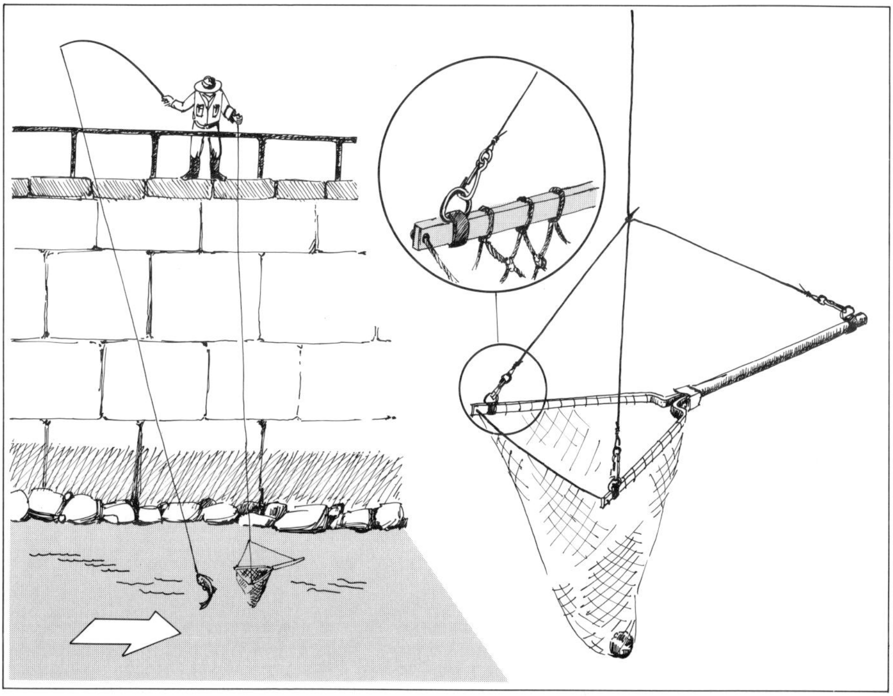

Herstellung und Gebrauch eines »Zug-Keschers«.

Zusammengefaltete Tageszeitung zum »Insektenfang« verwendet.

Die toten Köder werden in einer kleinen Dose untergebracht.
Vollkommen auseinandergefaltet und dann jeweils zu zwei oder drei Groß-Blättern wieder zusammengelegt, lassen sich mit der Tageszeitung auch qualitätserhaltend und sauber *Fische einwickeln.*
Sind es mehrere Fische, müssen sie stets durch eine Lage Zeitungspapier getrennt werden. Die Zeitung saugt überflüssige Feuchtigkeit auf und verlangsamt so, vor allem bei großer Hitze, das Aktivwerden der Fäulnisbakerien.

Niemals aber darf der Angler Fische in Plastikbeuteln, also unter völligem Luftabschluß nach Hause transportieren. Die Fische würden schon nach kurzer Zeit, vor allem bei Hitze und Schwüle verderben und unbrauchbar werden!

Sachregister

Abbruchkante 30
Abdeckungen 25
Abflußgebiet 33
Aktion 45
Algenfetzen 73
Altwasser 27
Anfütterungsplatz 34
Angelarten 38
Angelplätze 13, 36
- in Ufernähe 27 f.
- übersehene 25 f.
- zwischen den Ufern 21
Antennenpose 55
Äste, abgesägte 34
- versunkene 18
Augen-Blinker 90
Aus-der-Ferne-Herbeilocker 81

Badeanstalten 31
Badestege 30
Batterieklemme 106
Bebleiung 59 f., 76, 94 f.
Behelfs-Fliegenfischen 42, 44, 51, 63 f., 98 ff.
Behelfs-Schleppangeln 42 f., 44, 51, 60, 62, 78, 87 f., 92, 95
Belastungen 38
beschwerter Seitenzweig 57
Binsen 22, 28, 30
Bivisible 99
Bleikopfsystem 83
Bleischrot 55
Blinker 89 ff.
Bodenerschütterungen 13, 23, 25, 27

Bootsstege 30
Brot 71, 77
Brücke 23, 24
Buchtdiagonale 31
Buhnen 22

Deckung 13
Dornsystem 82
Dorschknaller 97
Druckwellen-Aussender 92, 94

Einbuchtungen 28, 30
Einfetten 58
Einhängewirbel 56 ff., 58, 60, 62
Einmündungsgebiet 21
Einmündung von Fließgewässern 32
Einzelgerät 38
entkrautete Angelstellen 34
Erfolgsregeln, allgemeine 11

Fächerartiges Absuchen 12, 22
Feinkiesboden 56
Fernwirkung 93
Fischfleisch 70
Fleischmaden 67
Fliegenfischen 42 f., 63, 98 f.
Fließgewässer 16
Flügel-Trockenfliegen 98
Fluoreszenzzusatz 50

Geradstrecke 23
Gerätekoffer 104
Gerätzusammenstellung 44
Geröllboden 36, 56
Getreidekörner 75
Gewässer, stehende 26
- überfischte 84
Gewässerkurve 22
Gleitpose 40, 53
Gleitschwimmer 53
Grundangeln 40, 44, 51, 56, 66, 70
Grundblei 56
Gumpe 19 f., 22, 25, 36

Hafenanlagen 30
Haken 54, 57 f., 64
Hakenfluchtsystem 81 ff.
Hänger 34, 36
- lösen 36, 105
Hauptgerät 44
Hechelfliege, flügellose 99
Heintz-Blinker 89
Herbeilocker 81
Heuschrecken 77, 106
Hilfsgerät 102, 105 ff.
Hochwasserfluten 80

Insektenfang 106
Inseln 31

Jighaken 97 f.

Kartoffelstücke 71
Käsebrocken 71

Kennenlernen unbekannter Gewässer 15
Kessel 19
Kiesaufwurf 32
Kiesbänke 22
Kiesgrube 27
Kiesuntergrund 36
Klammersystem 83
Klappsystem 83
Kleingerät 102f.
Knoten 52
Köcherfliegen 76
Köcherfliegenlarve 68
Köder 62, 65ff., 66, 78ff.
Köderfische, tote 68, 81
Kolk 19
Korkgriffe 46
Körnerköder 75
Krautbänke 22
Krautbeet 30f.
Kunstköder 80

Landungsgerät 102, 104ff.
Landzunge 27
Langlöffel 89ff.
Längsrinne 22
Larven 68
Leberkäse 73
Lichtstrahlen-Aussender 92, 94
Lochbleikugel 59f., 62

Maden 67
Maifliege 68
Maiskörner 75
Maulmontage 70
Metallspinnköder 80, 84, 89
Mitteltiefenwobbler 87
Monofilschnüre 50
Moorwasser 80, 95
Mühlschuß 24

Nachbarn 36
Nachschleifen der Haken 55
Naßfliegen 100f.
- anbieten 100f.
Nymphen 68, 100f.

Oberflächenköder 78
Oberflächen-Treibangeln 58, 75f.
Oberflächenwobbler 86
Ösendurchlauf 56
Ovalspinner 93f.

Pain Chaillou 72
Palmer 99
Parkplatz 12
Pfad, ausgetretener 33
Pflanzengürtel 28, 30
Pilkführung 98
Planseesystem 83
Plastikbeutel 107
Posenfischen 38, 39f., 44, 51, 53, 66, 70, 75

Quergumpe 24

Rauschende Wasser 24
Rinne, tiefe 21, 22, 24, 36
Rolle 47, 50
Rotationssystem 84
Rotier-Systeme 70, 83f.
Rückenmontage 70
Rucksack 104
Rundschlitztyp 49f.
Rute 44
Rutenaktion 45
Rutenlänge 46

Schar, erste 30f.
Schilf 22, 28, 30

Schlammboden 56
Schleppangeln 42, 60
Schleppbeschwerung 62
Schleppköder 62
Schmeißfliegen 67
Schnur 50ff.
Schnurarm 60, 62
Schnurklänge 59
Schnurlänge 49, 51
Schnurlaufringe 46
Schnurreste, versteckte 34
Schnurstärke 51, 59
Schnurtrommel 49, 59
Schnurverbindungsknoten 52
Schnurverwendungsempfehlung 51
Schotterbänke 22
Schuppenplätze 36
Schwelle 24
Schwimmköder 63, 75ff.
See 27
Seerosenbeet 30
Seitenzweig, beschwerter 57
Sicherheit 13
Silhouettendeckung 14, 24
Sitzkiepe 104
Spiegel 23
Spinnangeln 41, 44, 51, 59, 60, 78
Spinner 92ff.
Spinnfischen 12
Spinnköder 78, 81, 84
Spinnsystem 81, 83f.
Spitzenaktion 45, 47
spitzenverschränkte Haken 55
Spurenlesen 33
Standort 14
Stationärrolle 49f.
Stausee 27
Steckrute 46
Stege 30f.
stehende Gewässer 26
Steigen der Fische 100

Steilufer 27, 30
Steinfliege 68
Stopper 54
Streamer 60
Strömungseinfluß 32
Stubenfliegen 75 f.

Teich 27
Teigköder 71
Teleskopkescher 104
Teleskop-Rucksackrute 46
Tiefenloter 53
Tiefenwobbler 87 f.
Toby-Blinker 90
Tönnchenwirbel 62
Transportbehälter 104
Treibangel, bodennahe 58
Treibangeln 41, 44, 51, 58, 66, 70
Tricolore 99
Trockenfliegen 98 ff
- anbieten 99 f.
Trommelfüllung 52
Tumpf 19
Twister 95, 97 f.

Überfischte Gewässer 84
überhängende Zweige 18
Ufer, stehende Gewässer 27
Ufern, zwischen den 21
Uferplätze, ausgetretene 33
Uferunterspülung 22
Umhängetasche 104
Universalgerät 38, 44, 47, 51
unterspülte Ufer 16

Verdrallen 94
Verhalten 15
Verrohrungen 25 f.
versteckte Zugänge 33
versunkene Äste 18
Vibrotail 95, 97
Vorfächer 54, 57 ff., 64
Vorstau 24

Wackelschwanz 95, 97
Wäscheleine 105
Wasserfallkessel 25
Wasserkugel 42 ff., 45, 51, 63 f., 98
Wehr 24 f.
Wehrkessel 25
Weichplastikköder 95 ff.
Werfen 11 f.
Werftanlagen 30 f.
Wobbelsysteme 81 ff.
Wobbler 84
- Mitteltiefen- 87
- Oberflächen- 86
- Tiefen- 87 f.
Wollfaden-Stopper 54
Wunderteige 71 f.
Wurfweite 51
Würmer 66
Wurstbrocken 73

Zeitmangel 15
Zugänge, versteckte 33
Zugkescher 106 f.
Zusammenfluß 20 f.
Zusatzgerät 53
Zweige, abgebrochene 34
- überhängende 18
Zweigwerk 18

Mit BLV Büchern macht Angeln Spaß

Mike Dawes
Handbuch Fliegenbinden
Bindeanleitungen für alle international bewährten Fliegen – Nymphen, Trockenfliegen, Naßfliegen, Großfliegen, Streamers, Lachsfliegen; viele Schritt-für-Schritt-Zeichnungen und Farbfotos der Fliegen.

BLV Angel- und Sportfischerpraxis
Jens P. Hansen
Friedfische angeln
Grundangeln auf Rotfeder, Plötze, Hasel, Brachsen, Schleie, Karpfen, Nerfling und Aal: Fangplätze, Köder, Angelstrategie, Gerät.

BLV Angel- und Sportfischerpraxis
Jens P. Hansen
Raubfische angeln
Die Fischerei auf Hecht, Barsch und Zander: Fangplätze, Fangtechnik, Angelstrategie, Köder, Kunstköder, Gewässerkunde.

BLV Angel- und Sportfischerpraxis
Hans-Peter Kirchner
Mehr Erfolg beim Fliegenfischen
Fliegenfischen für Anfänger und Fortgeschrittene: Ausrüstung, Werfen, Insektenkunde, Köder, Anbiete-Technik, Fliegenfischen auf Salmoniden, Zander, Hecht, Barsch und andere Fischarten.
Alexander Kölbing

Fischerprüfung leicht gemacht
Grundwissen über allgemeine und spezielle Fisch-, Geräte- und Gesetzeskunde mit allen Prüfungsfragen.

BLV Sportpraxis 221
Alexander Kölbing/ Kurt Seifert
Richtig Angeln
Ausrüstung, Methoden, Angelfische des Süßwassers, Fischwasser, Umweltschutz, Gewässerwirtschaft, Fischerprüfung.

BLV Bestimmungsbuch
Bent J. Muus/ Preben Dahlström
Meeresfische
Merkmale, Lebensweise, Vorkommen, Fang und wirtschaftliche Bedeutung von 173 Fischarten der Ostsee, der Nordsee und des Atlantik.

BLV Bestimmungsbuch
Bent J. Muus/ Preben Dahlström
Süßwasserfische
Merkmale, Lebensweise, Vorkommen, Zucht und wirtschaftliche Bedeutung der Süßwasserfische Europas.

BLV Angel- und Sportfischerpraxis
Horst Scheibert
Forellen in kleinen Bächen
Dokumentation von langjährigen Beobachtungen an Forellenbächen: Porträts von Bach- und Regenbogenforelle sowie Bachsaibling; das Gebiet; Besatz, Hege, Fang; Begleitfische; Fünf-Jahres-Pachtplan.

Kurt Seifert/ Alexander Kölbing
So macht Angeln Spaß
Handbuch der Angelfischerei: Heimische Süßwasserfische mit Kennzeichen, Biologie, Angeltips und wirtschaftlicher Bedeutung; Entwicklungsgeschichte, Körperbau und -funktionen, Fortpflanzung, Ernährung, Wachstum, Lebensräume; Einführung in die Angeltechnik, Vorstellung verschiedener Techniken, Geräte, rechtliche Bestimmungen.

BLV Naturführer 816
Harald Gebhardt/ Andreas Ness
Fische
Die heimischen Süßwasserfische sowie Arten der Nord- und Ostsee erkennen und bestimmen – mit Beschreibung von Merkmalen, Lebensraum, Biologie, Verbreitung, Gefährdung u.a.

In unserem Verlagsprogramm finden Sie Bücher zu folgenden Sachgebieten:

Garten und Zimmerpflanzen • Natur • Angeln, Jagd, Waffen • Pferde und Reiten • Sport und Fitness • Reise und Abenteuer • Wandern und Alpinismus • Auto und Motorrad • Essen und Trinken • Gesundheit

Wünschen Sie Informationen, so schreiben Sie bitte an:

BLV Verlagsgesellschaft mbH • Postfach 40 03 20 • 8000 München 40